汉字的故事

한자 이야기

龙盈盈 용영영

중문

本书写给对汉字的过去存有温情、现在怀有自信、未来抱有希望的汉字文化爱好者。
본 책은 한자의 과거에 대해 온정을 느끼고, 현재에 대해 자신감을 가지고,
미래에 대해 희망을 품은 한자 문화 애호가들에게 쓴 책이다.

龙盈盈 용영영

序

写这本书的缘起，大概要追溯到二十多年前我的青少年时期。父亲因工作常年驻外，与我和母亲分居两地。那个年代，家书往来是主要的联络方式。我与父亲大概保持每月两封家书往来的频率，聊的多是家常，当然也包括一些情感的倾诉。中文专业背景的父亲善于作文，遣词造句，质朴真实。他的文字很少见得字斟句酌，却让人读得通透明白。一来二去，着实激发了我对母语的兴趣，而阅读、写作、历史等成为我学习的兴趣所在。多年后，我仍然保持对写作的热情，文字风格不偏不倚地透有父亲的影子，我也成为了一名中文老师，毫无意外。

十多年前，我开始在韩国教授汉语。实话实说，韩国人是所有外国汉语学习者中最为容易的一个群体。比如，我给韩国学生讲一个词语，他们能举一反三说出好几个新词语来；讲一个汉字，他们能立马心神领会；讲一个中国文化小知识，他们完全能感同身受。以上的教学经历并不奇怪，这源于中韩两国同宗的根系文化。韩文发明以前，汉字一直是韩国人使用的文字，虽然现在已经不再普遍使用，但汉字之于韩国人就如同一种生来就携带的基因。韩文中汉字词占据百分之七十以上，近些年来，受西方文化的影响，汉字词比例有所减少，但依然占据绝对主力。走在大街上，你随便考察一个韩国人的汉字能力，即使是从来没有学过汉字的韩国人，至少也会识到两三字，因为他们每个人的身份证上都用汉字标注了中文姓名。

文字是记录语言的工具。这对于英文、韩文等以字母为材料，用于标记声音的文字尚可如此理解，而汉字，它存在的价值远不止于此。汉字"孝"，上面一个"老"（"耂"是"老"的省字），下面一个"子"，一个孩子背着一个老人，就是"孝"，表示孝道。人与人之间相互依靠，彼此连接，社会由此产生，所以"人"字的一撇一捺相互连而不分。汉字的这些文化基因是串起包括中韩在内的整个汉字文化圈世界的密码。有如此多的文化共通点，我理所当然地认为韩国人学习汉语应当是比较容易的，可现实好像并非如此。学生给我抱怨得最多的问题就是汉字难学，尤其是难记难写，这一点让我既觉意外又觉情理之中。我意外的是有着同样文化基因的韩国人居然不能轻松地搞定汉字的学习，但汉字的确又有它独特的个性。复杂的笔画，多变的结构，一字多义，一字多音等特点都给学习者造成了种种障碍。就连中国人自己学习汉字，也需要大量地练习，反复地运用才能很好地习得。母语汉字学习者尚且不易，何况非母语的外国人呢。所以，学生向我抱怨汉字难学，这又当属情理之中。

　　学生的抱怨成为我写作这本书的契机。十多年来，我一直探索一套行之有效地针对外国人，特别是韩国人的汉语教学方法。在一次国际中文教学方法探讨会议中，我接受了一位在欧洲教中文的老师的教学方法。这种教学法的特点是弱化汉字教学，强化口语练习。在我的教学生涯中，这种方法只存在过很短暂的一段时间。欧洲与中国遥远的地理距离，注定了南辕北辙的文化背景。欧洲人看汉字，就是一副用素描线条勾勒的画，所以汉字学习对欧洲人来说极其困难，弱化汉字的教学法是"因材施教"的差异化战术，虽然这种方法会带来不少的"后遗症"，但作为"缓兵之计"，却也无可厚非，而这套方法用在韩国人身上就是教学灾难。刻意弱化汉字可能会使得韩国人把音、形、义对不上号，教学效果反而大打折扣，不要忘了，韩文中至始至终都存在着大量的汉字词。后来我又试着利用我的韩语优势，分析汉韩两种语言的差异，如语音的差异，语顺的差异等等，试图通过这些差异的认知，降低韩国人学习汉语的难度，但汉字的习得始终是一个绕不过的难坎。我尝试过不少专门针对汉字的教学方法，最笨拙的莫过于一笔一划的作示范，就如小时候父母握着我们的小手一笔一划教我们写字那样。为了降低记忆的难度，也尝试采用最为普遍的部首记忆法。这是一种以部首为中心，分门别类的汉字记忆法。事实上，直到现在部首记忆法仍然是我汉字教学中常用的一种方法。我告诉学生，汉字的秘密隐藏在一把钥匙里，这把钥匙就是部首。

　　至今我仍然走在探索汉语教学法的路上，尤其是汉字的教学法。几乎对所有汉字学习者，尤其是外国学习者而言，汉字是一个个已经"死去"的文字，了无声息，毫无生气。对汉字单纯性的形、音、义讲解(这是目前对外汉语教学中最常用的汉字教授法)，别说外国人，就连中国人学起来都甚觉无聊，但中国人有天然的母语优势，所以很快就能习得所学的字，而不具母语优势的外国人常因难写、难记而畏难于中文学习。于是我开始思考，有没有一种方法让外国学习者既能感受到汉字的趣味性，又能在趣味性中提高记忆与增强理解。一次翻阅小学一年级语文教材的无意举动让我有了好的想法。中国从小学一年级开始教识字，起初都是从最简单的独体字开始教起，如日、月、山，在这些汉字的下方会画上一幅漂亮的图画以对应所学的那个字，而这副图画与上面的汉字形状非常相似，小朋友一看就明白，并且能迅速理解并记住。在字画之间的汉字不再是一个毫无生气的线条字，而是一幅美丽的山水画，汉字在画中立马"活"了起来。我立刻意识到，中国语文教材识字部分的编写正是利用了汉字"书画同源"的这一特点，那么为什么不能把这样的方法用在对外汉语教学中呢？现在市面上教授外国人的中文教材大多以语音、词汇、语法为主要内容，汉字部分不是编写的重点，涉及到汉字部分的内容也是"中规中矩"，笔顺、笔画、结构以及部首成为讲解的中心，这种"死记硬背"的教授方法对于初学者来说困难且无趣。汉字是世界上现存的唯一的表意文字。表意文字用一句话来概括就是：我手写我见，我手写我思。太阳像一个火球发出的光亮，古人就照着这个模样造了 ☉(日)字；树有根、茎、枝，古人就照着树的模样造了 ↟(木)字，这种依形画相的方法是古人造汉字最基本的方法，后人把这种造字的方法称为"象形"。但是有些抽象的事物，用这种象形的方法很难表达出意思，比如国家的"国"字，古人用 圀 来表示。这个字由 ○、↟、囗 三部分组成，分别代表城郭、武器和边界，这表示在古人的观念中，国家首先要有一块领土，然后要有军事护卫的能力，最后要有清楚明晰的界限。"国"字的书写直接反映了古人的国家观念，这种根据意思的造字方法，后人称为"会意"。这些会意出来的汉字正是古人对宇宙、对世界、对自然、对人生等诸多问题的思考与见解，而这些所思所想便逐渐地汇集成了一部宏伟的中国文化。可以这么说，读懂了汉字，便读懂了中国文化，也读懂了中国人的心。话题回来，那么如何让外国人既有趣又容易地学习汉字呢？我想教外国人"读懂"汉字便是一条捷径。所谓"读懂"，是要让人明白这个字为何而造，知其造字之所然，了解了其中的"因果关系"才能记忆深远。

这本书正是我十年汉教生涯的教学所得。我把这些年关于汉字的讲义内容收集整理，从中挑选出了三十个使用频率极高的独体字(亦是部首字)并分门别类，在我原初教学讲义稿的基础上又适当增加或删减了些许内容。我不是一位文字研究工作者，却是一位汉字文化爱好者，所以这本书当然不是一本深究的学术著作，但里面却包含了不少中国文化的基本常识。书中的诸多观点既有他人之见，也有本人读书所得。这些年我持之以恒地继续着我的汉字文化教学，我发现这真是一种"一箭双雕"的教学方法，那些木讷的汉字在历史故事里再次活跃了起来，学生在愉悦与趣味中便深刻地记住了。这本书的出版，希望能切实帮到那些正在为汉字而发愁的汉语学习者，在汉语学习的路上，你并不孤单。

我想在这里强调的一点是：汉字从未死去。三千多年前从华夏文明诞生的那一刻起（关于汉字的起源，学界还没有统一的认识。目前可以比较肯定的是三千五百年前的商代甲骨文是迄今为止发现的最早且成熟的汉字。），汉字就以最独特、最个性、最坚韧及最温情的姿态生生不息地存在并延续至今，从未间断。几千年间，华夏大地历经数次朝代更迭，新旧交替是历史的主旋律，在时间的长河里来来去去，只有汉字是那个来了就不曾离开的唯一。虽然这期间汉字也曾有过形、音、义的变化，但无碍它的一脉相承，那承下来的便是中国文化。这本书我想展示给读者朋友的也正是这一点。

末了，我不得不费一些笔墨提到一位对我至关重要的人，那就是我的父亲。对我而言，他扮演的不仅只是一位父亲的角色，还是我的人生导师。我的文学启蒙，对母语的兴趣，对写作的爱好都来自父亲的影响。他很少督促我读什么书，只是把他读过的书摆在那里，看与不看也全在于我。他也不常教我习字写作，只是一封封家书与我定期往来。小时候的这些再为平常不过的日常生活使我成为了今天的我。

这本书，我要送给一直坚持走在学习路上的汉语爱好者，无论你是否对汉字抱有兴趣，这本书都将对你的语言学习产生帮助。这本书更要送给对汉字的过去存有温情、现在怀有自信、未来抱有希望的汉字文化爱好者，书里的内容或多或少地有助于加深你对汉字的理解。

最后，我要把这本书送给一年前离开我，已经远去天堂的父亲。

龙盈盈

癸卯年三月初五于韩国全州

서문

　　이 책을 쓰게 된 동기는 대략 20여 년 전 청소년 시절로 거슬러 올라간다. 아버지는 일 때문에 일년 내내 외지에 계셨고, 나와 어머니와 따로 살았다. 그 시절에는 집에서 편지를 주고받는 게 주요 연락 수단이었다. 나는 아버지와 대략 한 달에 두 통의 편지를 주고받았는데, 대부분 일상 이야기를 나누었고 물론 약간의 감정적인 하소연도 하였다. 중문학을 전공하신 아버지는 작문, 낱말 선택, 문장 만들기에 뛰어났고, 소박하고, 진실됐다. 아버지가 글을 한 글자 한 구절 세심히 퇴고하는 건 보기 드물었지만, 사람이 글을 명확히 이해할 수 있도록 하였다. 나는 차츰차츰 모국어에 대해 흥미를 느끼기 시작하였고, 읽기, 쓰기, 역사 등은 내가 공부하는 데 흥미를 느끼는 분야가 되었다. 여러 해가 지난 후에도 나는 여전히 글쓰기에 대해 열정을 가지고 있었다. 글의 스타일은 불편부당하게 아버지의 그림자를 투영하고 있었으며, 내가 중국어선생님이 된 것은 전혀 놀라운 일이 아니었다.

　　10여 년 전, 나는 한국에서 중국어를 가르치기 시작했다. 솔직히 말해서 한국인은 모든 외국 중국어 학습자들 중에서 가장 쉬운 집단이다. 예를 들어, 내가 한국 학생들에게 단어를 하나 가르치면, 그들은 새로운 단어 몇 개를 유추하여 말할 수 있다. 또한 한자 하나를 가르치면, 그들은 바로 마음으로 깨달을 수 있으며, 중국 문화에 대한 작은 지식 하나를 가르치면, 그들은 완전히 몸소 체험한 것처럼 느낄 수 있다. 위의 교육 경험은 이상할 것이 없다. 이는 한·중 양국의 동족 뿌리 문화에서 비롯된다. 한문이 발명되기 전까지 한자는 한국인이 사용하던 문자였다. 비록 지금은 보편적으로 사용되지 않지만 한자는 한국인에게 일종의 유전자와 같다. 한문 중 한자어는 70% 이상을 차지한다. 최근 서구 문화의 영향으로 한자어의 비중이 줄었지만 여전히 절대적인 위치를 차지하고 있다. 거리를 걸을 때 한국인의 한자 능력을 시험해 보면 한자를 배운 적이 없는 한국인이라도 신분증에 한자로 중국어 이름이 표기되어 있기 때문에 최소한 두세 글자는 알고 있다.

문자는 언어를 기록하는 도구이다. 영어 및 한문 등 자모를 기반으로 소리를 표기하는 데 사용되는 글자에 대해서도 이와 같이 이해할 수 있다. 하지만 한자는 이보다 훨씬 큰 존재 가치를 가지고 있다. 한자 '효(孝)'의 상단에는 '로(老)'['로(耂)'는 '로(老)'를 생략한 글자이다]라고 쓰고, 하단에는 '자(子)'라고 쓴다. 한 아이가 노인을 업고 있는 것이 '효'이다. 이는 효도를 나타낸다. 사람과 사람이 서로 의지하고 연결되면서 사회가 생겨나기 때문에 '인(人)'의 두 삐침은 연결되어 떨어지지 않는다. 한자의 이런 문화 유전자는 한국과 중국을 포함한 모든 한자 문화권 세계의 암호이다. 이렇게 문화적 공통점이 많다 보니 당연히 한국인이 중국어를 배우는 것이 비교적 쉬울 것이라고 생각했지만 현실을 그렇지 않은 것 같다. 학생들이 나에게 가장 많이 불평하는 것은 한자가 배우기 어렵다는 점, 특히 기억하기 어렵다는 점이다. 이 점은 의외였지만 한편으로는 도리에 맞다고 느껴졌다. 내가 의외였던 것은 동일한 문화적 유전자를 가진 한국인이 쉽게 한자 공부를 할 수 없다는 점이다. 하지만 한자는 독특한 개성을 가지고 있다. 복잡한 획수, 변화무쌍한 구조, 한 글자에 여러 뜻과 소리가 있는 등의 특징은 모두 학습자에게 각종 장애가 되곤 한다. 중국인이 스스로 한자를 배우는 데도 많은 연습이 필요하고, 반복해서 적용해야 잘 배울 수 있다. 모국어인 한자를 배우는 것도 쉽지 않은데 한자가 모국어가 아닌 외국인은 더 말할 것도 없다. 그래서 학생들이 한자를 배우기 어렵다고 불평하는 것은 어떻게 보면 당연하다.

학생들의 불평이 내가 이 책을 쓰게 된 계기가 되었다. 10여 년 동안, 나는 줄곧 외국인, 특히 한국인을 대상으로 하는 효과적인 중국어 교육 방법을 모색해 왔다. 국제 중문 교육 방법 토론 회의에서 나는 유럽에서 중국어를 가르치는 한 선생님의 교육 방법을 받아들였다. 이 교수법의 특징은 한자 수업을 약화시키고 말하기 연습을 강화하는 것이다. 나의 교육 생애에서 이 방법은 매우 짧은 기간 동안에만 존재했다.

유럽과 중국의 먼 지리적 거리는 서로 다른 문화적 배경을 가지고 있다. 유럽 사람이 한자를 봤을 때는 스케치 선으로 그림을 묘사한 것과 같다. 따라서 한자 공부는 유럽인에게 매우 어렵다. 한자 공부를 약화시키는 것은 '상대에 따라 교육'하는 차별화 전략이다. 비록 이런 방법이 적지 않은 후유증을 낳겠지만 '시간을 얻는 계책'으로는 크게 비난할 것이 없다. 하지만 이런 방법은 한국인에게는 교육적인 재앙이다. 의도적으로 한국인의 한자 교육을 약화시키면 음, 형, 의가 맞지 않게 되어 오히려 교육 효과가 떨어질 수 있다. 한문에는 시종일관 수많은 한자어가 존재한다는 점을 잊으면 안 된다. 훗날 나는 나의 한국어 강점을 이용하여 한국어와 중국어의 차이를 분석했다. 예를 들어, 음의 차이 및 어순의 차이 등이다. 이를 통해 한국인의 중국어 학습 난도를 낮출 수 있었다. 하지만 한자 학습은 넘을 수 없는 난관이었다. 나는 한자를 전문적으로 가르치는 방법을 많이 시도해 보았다. 가장 우둔한 것은 한 획 한 획 시범을 보이는 것인데, 이는 어릴 때 부모님의 우리의 작은 손을 잡고 한 획 한 획 글씨를 가르쳐 주신 것과 같다. 기억의 난도를 낮추기 위해 가장 보편적인 부수 기억법도 시도되고 있다. 이는 부수를 중심으로 부류를 나누는 한자 기억법이다. 사실 지금도 부수 기억법은 내가 한자 수업에서 자주 쓰는 방법이다. 나는 학생들에게 한자의 비밀은 하나의 열쇠 속에 숨겨져 있으며, 그 열쇠가 바로 부수라고 알려주었다.

지금까지 나는 여전히 중국어 교수법, 특히 한자의 교수법을 탐구하는 길을 걷고 있다. 거의 모든 한자 학습자들, 특히 외국인 한자 학습자들에게 한자는 '죽은' 문자이다. 소리도 없고 생기도 없는 그런 문자 말이다. 한자의 단순성에 대한 형, 음, 의 해설(현재 대외 중국어 수업에서 가장 많이 쓰이는 한자 교수법)은 외국인은 물론 중국인이 배울 때도 지루해 한다. 중국인에게 한자는 친성적으로 모국어이기 때문에 배운 글자를 빠르게 익힐 수 있지만, 그렇지 않은 외국인은 쓰기 어렵고 기억하기 어려워서 중국어 학습에 어려움을 겪는 경우가 많다. 그래서 나는 외국인 학습자들이 한자에 재미를 느끼면서 그 재미로 기억력과 이해도를 높일 수 있는 방법이 없을까 고민했다. 그러다 초등학교 1학년 국어 교재를 훑어보다가 무심코 좋은 생각이 떠올랐다. 중국은 초등학교 1학년 때부터 글자를 가르치는데, 처음에는 제일 간단한 독체자부터 시작한다. 예를 들어, 일(日), 월(月), 산(山)이 있다. 이 한자 아래에는 예쁜 그림을 그려 해당 글자에 대응시키는데, 해당 그림은 위의 한자와 모양이 비슷하다. 어린이들은 보면 바로 이해할 수 있고 빠르게 이해하고 기억할 수 있다. 글씨와 그림 사이의 한자는 더 이상 생기가 없는 선이 아니라 아름다운 산수화가 된다. 한자가 그림에서 살아나는 것이다. 또한 나는 중국어 교재의 글자를 해득하는 부분의 편찬은 한자 '화서동원(书画同源)'을 이용했다는 특징을 알게 되었다. 그럼 왜 이런 방법을 대외 중국어 교육에 활용하지 못하는 걸까? 현재 시중에 나와 있는 외국인을 대상으로 한 중국어 교육 교재는 대부분 소리, 어휘, 문법을 주요 내용으로 하고 있다. 한자 부분은 집필에 중점을 두지 않고 한자 부분에 대한 내용도 '틀에 박혀'있다. 필순, 필획, 구조, 부수가 해설의 중심의 되는 '무조건 암기'하는 교수법은 초보자에게 어렵고 재미없다. 한자는 세계에서 현존하는 유일한 표의 문자이다. 표의 문자는 한마디로 내 손으로 쓰고 내가 보며, 내 손으로 쓰고 내가 사고하는 것이다. 태양이 불덩어리처럼 빛나서 고대인은 이 모양대로 ☉(日)자를 만들었고, 나무에 뿌리, 줄기, 가지가 있어서 고대인은 이 모양대로 ╋(木)자를 만들었다. 이처럼 형상에 따라 그리는 방법은 고대인이 한자를 만든 가장 기본적인 방법이다. 후대인은 이러한 조자 방법을 '상형'이라고 하였다. 그러나 몇몇 추상적인 사물은 이러한 상형적인 방법으로 뜻을 표현하기 어렵다. 예를 들어, 국가의 '국(国)'을 고대인은 ▨으로 표현하였다. 이 글자는 ㅎ, ㅏ, ㅁ 세 개의 부분으로 구성이 되어 있는데 각각 성곽, 무기, 변방이다. 이는 고대인의 관념중 국가는 먼저 영토를 가져야 하고 군사적으로 호위할 수 있는 능력이 있어야 하며 마지막으로 명확한 경계를 가져야 한다는 것을 의미한다. '국(国)'자의 서법은 고대인의 국가 관념을 직접적으로 반영하고 있다. 이처럼 뜻에 따른 조자 방법을 후대인은 '회의'라고 한다. 이처럼 회의를 통해 만들어진 한자는 고대의 우주, 세계, 자연, 인생 등 많은 문제에 대한 사고와 견해이다. 그리고 이러한 사상은 점차 웅장한 중국 문화로 집약되었다. 한자를 보고 이해할 수 있으면 중국 문화를 이해하는 것과 같고 중국인의 마음을 이해하는 것과도 같다. 다시 돌아오면, 어떻게 하면 외국인들이 재미있고 쉽게 한자를 배울 수 있을까? 내 생각에는 외국인이 '보고 이해'할 수 있게 하는 것이 지름길이다. '보고 이해하는 것'은 글자가 왜 만들어졌는지, 어떻게 만들어졌는지를 이해하도록 하는 것이며 그 중의 '인과관계'를 알아야 기억에 남는다.

    이 책은 나의 10년간의 중국어 교육 생애에서 얻은 것이다. 나는 몇 년 동안 한자에 관한 강의 내용을 수집 및 정리하면서 그 중 사용 빈도가 매우 높은 독체자(부수자) 30개를 골라 분류했다. 또한 본래의 교육 강의 자료를 기반으로 약간의 내용을 적절히 추가하거나 삭제하였다. 나는 문자 연구자가 아니라 한자 문화 애호가이다. 따라서 이 책은 당연히 연구 학술 저서는 아니지만 이 안에는 적지 않은 중국 문화의 기본 상식이 포함되어 있다. 책 속의 많은 관점은 타인의 견해도 있지만 내가 책을 통해 얻은 관점도 있다. 몇 년 동안 나는 끈기 있게 한자 문화 교육을 지속해왔으며, 이것이 정말 일종의 '일석이조'의 교수법이라는 것을 알게 되었다. 소박한 한자가 역사 이야기 속에서 다시 활기를 띠게 되었고, 학생들을 즐거움과 재미 속에서 한자를 깊이 기억하게 되었다. 이 책의 출판이 한자 학습을 걱정하고 있는 중국어 학습자들에게 확실히 도움이 되기를 바란다. 중국어 학습의 길에서 당신은 결코 외롭지 않다.

    여기서 강조하고 싶은 점은 한자는 죽지 않았다는 것이다. 3000여 년 전 화하 문명이 탄생한 그 순간부터(한자의 기원에 대해서는 학계에 통일된 견해가 없다. 현재로서는 3천 5백 년 전의 상나라 갑골문이 지금까지 발견된 최초의 성숙한 한자로 나타났다.) 한자는 가장 독특하고, 개성적이며, 강인하고, 온정적인 자세로 끊임없이 존재하면서 오늘날에 이르렀다. 수천 년 동안 화하의 큰 땅은 여러 차례 왕조가 바뀌었고 새로운 것과 낡은 것의 교체는 역사의 주요 선율이었다. 시간의 큰 강물 속에서 오고 가며 오직 한자만이 다가오고 떠나지 않는 유일한 존재였다. 비록 그동안 한자에도 형, 음, 의의 변화는 있었지만 그 맥을 끊지 않고 이어받은 것이 바로 중국 문화이다. 이 책을 독자들에게 보여주고 싶은 것도 바로 이 점이다.

    마지막으로, 나는 나에게 가장 중요한 사람이 바로 아버지라는 것을 언급하는 데 약간의 시간이 걸렸다. 그는 나에게 아버지 역할을 했을 뿐만 아니라 인생의 멘토 역할도 하였다. 나의 문학적 계몽, 모국어에 대한 흥미, 글쓰기에 대한 취미는 모두 아버지의 영향에서 비롯되었다. 아버지는 나에게 어떤 책을 읽으라고 독촉한 적이 거의 없다. 다만 그가 읽었던 책을 그곳에 늘어놓았을 뿐이다. 책을 보는 것은 모두 나에게 달려 있었다. 그는 나에게 글을 익히고 쓰는 것을 자주 가르치지 않았다. 단지 편지를 정기적으로 주고받았을 뿐이다. 이러한 어린 시절의 평범한 일상이 나를 오늘의 나로 만들었다.

이 책을 꾸준히 공부해 온 중국어 애호가들에게 바친다. 한자에 대해 관심이 있든 없든 간에 이 책은 언어 공부에 도움이 될 것이다. 한자의 과거에 대한 온정, 현재에 대한 자신감, 미래에 대한 희망을 가진 한자 문화 애호가들에게 이 책은 한자에 대한 이해를 높이는 데 많든 적든 도움이 될 것이다

마지막으로 이 책을 1년 전에 나를 떠나 이미 하늘나라로 가신 아버지께 바친다.

용영영
계묘년 3월 5일. 대한민국 전주에서

目次 목차

1. 人物 인물 ··· 15
  人 인 _ 17
  女 녀 _ 22
  子 자 _ 27
  儿 아 _ 31
  父 부 _ 35

2. 器官 기관 ·· 41
  心 심 _ 43
  手 수 _ 47
  口 구 _ 52
  目 목 _ 57
  耳 이 _ 62

3. 动物 동물 ·· 67
  马 마 _ 69
  牛 우 _ 73
  羊 양 _ 78

虫충 _ 84
犬견 _ 88

4. 植物식물 ········· 93

木목 _ 95
竹죽 _ 100
草초 _ 104
米미 _ 108
禾화 _ 113

5. 自然자연 ········· 119

金금 _ 121
石석 _ 126
火화 _ 132
气기 _ 138
雨우 _ 143

6. 其它기타 ········· 147

言언 _ 149
白백 _ 154
力력 _ 158
八팔 _ 163
王왕 _ 169

1
人物 인물

| 人 | 女 | 子 | 儿 | 父 |
| 인 | 녀 | 자 | 아 | 부 |

人인

人，天地之性最贵者也。
인은 천지에서 품성이 가장 고귀한 생물이다.

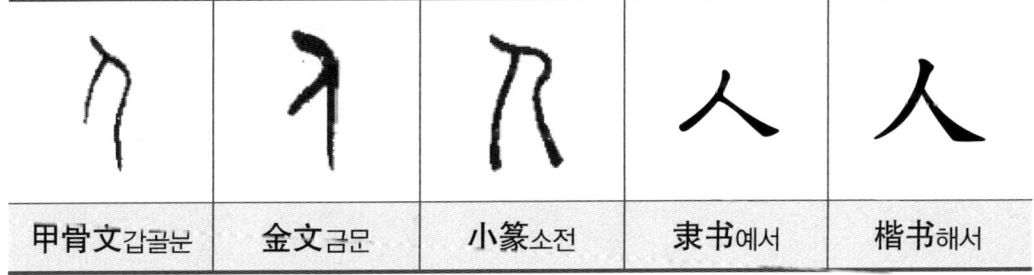

| 甲骨文갑골문 | 金文금문 | 小篆소전 | 隶书예서 | 楷书해서 |

图片下方解说均来自《说文解字》
그림 하단의 해설은 모두 『설문해자』에서 나온 것이다.

"人"是象形字，它的古文字形非常形似一个人的侧立站姿模样：上部是头，中间是身子，下部是腿，向前方伸展的是长长的手臂。从生物属性来讲，人是这个地球中众多生物的其中一种，但人们又认为人和其它生物有所区别，区别在于人会制造和使用工具，而其它生物不具备人的这项技能。从这个角度可以理解为：人是指能制造和使用工具进行劳动，并能运用语言进行交际的高级动物。然而，我们仔细观察"人"的甲骨文字形，下垂的手臂，向前弯曲的身子，是不是像极了一个站立的、正在躬身向前鞠躬的人形？这是否包含了中国古人对"人"这种高级生物的另一番思考？

　　《说文解字》说："人，天地之性最贵者也。" 意思是人是天地生物中最可宝贵的东西。这番解释正是体现了古人对人的根本理解。中国古人眼中的世界，常被其称为"天地"。他们认为天地之间有一种说不清道不明的"气"，万物生灵都存在于天地之间，受"天地之气"的影响而具有灵性，而人是所有灵性生物中最为尊贵者。后来古人又把天地间这种不可名状的"气"解释成一种"道"，"天地之气"即是"天地之道"，这个"道"即是我们常常说的人伦道德，又可以理解成一种事物运行的规则。古人认为天地间所有事物能和谐运行而不至冲突正是因为遵循了一定的规则。比如到了春天应该播种，夏天才能生长，秋天才有收获，冬天才能保存食物过冬。这种按事物规则的运行就叫做"道"，在自然界就叫做"自然之道"，在人类社会就叫做"人道"。古人对"人"的理解是剥离了人原本的生物属性，而赋予其道德性，这是古人认为人与其它生物的根本区别所在。所以孟子说"人之所以异于禽兽者几希"，意思是人和禽兽的差异很小，区别在于人具有人性，人性即是我们常说的道德性。古人又认为人性的根本是仁义，所以人人都具有仁义之心，这是其它动物所不具备的。正因为中国古人如此看待"人"，所以把"人"写成是一个侧身站立，伸出手臂，向前鞠躬的人形状。鞠躬代表礼仪，人因具备道德性，所以懂礼仪，知廉耻。"人"字的书写，正是代表了中国古人对"人"的根本理解。

　　但应该值得注意的是，"人"的甲骨文书写来自商代，商代是一个由贵族阶层统治的时代，贵族以下是奴隶，贵族与奴隶之间是征服与被征服的关系，人与人之间还未建立起爱人、尊重、礼仪等道德观念，甲骨文"人"字的躬身姿态很有可能表现的是一种被征服者臣服于征服者的姿态。商灭周兴，随着礼乐文化的兴起，文明逐渐取代野蛮，道德观念才渐入人心，这才有了后来≪说文解字≫对"人"的一番道德诠释。

　　'인'은 상형자이며 고문의 자형은 한 사람이 옆으로 서있는 모양과 매우 흡사하다. 상부는 머리이며, 중간은 몸이고, 하부는 다리이다. 앞쪽으로 뻗은 것은 긴 팔이다. 생물학적 속성 측면에서 살펴보면, 사람은 지구의 많은 생물 중 하나이다. 하지만 사람은 자신과 다른 생물은 구별된다고 생각한다. 사람은 도구를 만들고 사용할 수 있지만, 다른 생물은 이러한 인간의 기술을 가지고 있지 않기 때문이다. 그런 의미에서 사람은 도구를 만들고 사용하여 노동을 하고, 언어를 구사하여 교제할 수 있는 고급 동물이다. 그런데 '인'의 갑골문자형을 살펴보면, 축 처진 팔뚝과 앞으로 구부러진 몸이 서 있는, 몸을 앞으로 숙이고 있는 인간의 모습과 닮지 않았는가? 여기에는 '인'이라는 고급 생물에 대한 중국 고대인의 또 다른 생각이 담겨 있는 것일까?

　　『설문해자』에서는 "인은 천지에서 품성이 가장 고귀한 생물이다."라고 하였다. 즉, 사람이 천지의 생물 중 가장 고귀한 존재라는 것이다. 이는 고대인의 사람에 대한 근본적인 이해를 보여주는 설명이다. 중국 고대인은 흔히 세계를 '천지'라고 불렀다. 그들은 하늘과 땅 사이에 설명할 수 없는 '기'가 있고, 만물과 생명체는 하늘과 땅 사이에 존재하면서 '천지의 기'의 영향을 받아 영성을 지녔으며, 사람은 모든 영성 생물 중에서 가장 귀한 존재라고 생각했다. 훗날 고대인은 천지간의 이런 형언할 수 없는 '기'를 일종의 '도(道)'로 해석하였다. '천지의 기'는 곧 '천지의 도'이며, 이 '도'는 우리가 흔히 말하는 인륜도덕이자 사물이 움직이는 규칙으로도 이해할 수 있다. 고대인이 하늘과 땅 사이의 모든 사물이 충돌하지 않고 조화롭게 움직인다고 생각한 것은 바로 일정한 규칙을 따랐기 때문이다. 예를 들어, 봄이 오면 씨를 뿌려야 여름에 씨가 자랄 수 있고 가을에 수확이 있으며 겨울에 음식을 보관해 겨울을 지낼 수 있다. 이렇게 사물의 규칙에 따라 움직이는 것을 '도'라고 하며, 자연계에서는 '자연의 도', 인간 사회에서는 '인도'라고 한다. 고대인의 '사람'에 대한 이해는 사람 본래의 생물학적 속성을 벗겨내고 도덕성을 부여하는 것으로, 이것은 고대인이 사람과 다른 생물의 근본적인 차이점이라고 여긴 부분이다. 그래서 맹자가 '사람이 짐승과 구별되는 점은 몇 가지 되지 않는다.'라고 한 것은 사람과 짐승의 차이가 매우 작다는 것이고 차이점은 사람이 인성을 가지고 있다는 것인데 인성은 우리가 흔히 말하는 도덕성이다. 또한 고대인은 인성의 근본은 인의이며 따라서 모든 사람은 다른 동물에게는 없는 인의의 마음을 가지고 있다고 여겼다. 중국 고대인이 '사람'을 이렇게 여겼기 때문에 '사람'은 옆으로 서서 팔을 뻗고 앞으로 허리를 굽혀 절하는 사람의 모양으로 표현됐다. 허리를 굽혀 절하는 것은 예의를 의미하며, 사람은 도덕성을 갖추고 있기 때문에 예의와 염치를 안다. '인'자는 중국 고대인의 '사람'에 대한 근본적인 이해를 대표한다.

그러나 '인'의 갑골문 글자는 귀족계층이 통치하는 시대였던 상나라 때 유래한 것으로 귀족 이하가 노예였고 귀족과 노예 사이는 정복과 피정복의 관계였으며 사람과 사람 사이에 애인, 존중, 예의 등의 도덕관념이 확립되지 않은 상태에서 갑골문 '인'자의 절하는 자세는 피정복자가 정복자에게 복종하는 자세일 가능성이 높다는 점에 주목해야 한다. 그러다 상나라가 망하고 주나라가 흥하기 시작했고, 예법과 음악이 대두됨에 따라 문명이 점점 야만을 대체하면서 도덕관념이 점차 사람의 마음에 들어오게 되었다. 이로써 훗날『설문해자』의 '사람'에 대한 도덕적 해석이 가능해졌다.

衍生字 파생자

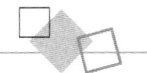

从(從)　由两个"人"字会意。一个人走在前面，另一个人跟在后面，就是从。本义表示跟随、跟从。由本义引申为顺从、听从。

두 개의 '인(人)'으로 회의되었다. 한 사람이 앞서 걷고, 다른 사람이 뒤 따라가는 것이 바로 '종'이다. 본래 의미는 '따라가다, 따르다'이다. 또한 해당 의미에서 '순종하다, 복종하다'라는 의미로 확대되기도 한다.

众(眾)　由三个"人"字会意，表示人数众多。古文字上面是太阳，下面是三个人，表示一群人顶着烈日劳作，本义是众人。

세 개의 '인(人)'으로 회의되었으며 사람 수가 많다는 것을 나타낸다. 고문자의 윗 부분에는 태양이 있으며 아랫 부분에는 세 개의 '인'자가 있다. 이는 한 무리의 사람이 땡볕을 무릅쓰고 일하는 것을 나타내며 본래 의미는 '여러 사람'이다.

仙　由人、山会意，表示人在山上修行成仙，本义是神仙。

'인(人)'과 '산(山)'으로 회의되었으며, 사람이 산에서 수행하여 신선이 되는 것을 나타낸다. 본래 의미는 '신선'이다.

伏　由人、犬会意，表示犬趴伏在人的身旁，本义是俯伏、趴下。隐藏的时候，需要趴下不动，所以又引申指潜藏、埋伏。

'인(人)'과 '견(犬)'으로 회의되었으며, 개가 사람 옆에 엎드린 것을 나타낸다. 본래 의미는 '엎드리다, 몸을 구부리다'이다. 또한 숨을 때 엎드려서 움직이지 않아야 하기 때문에 '숨다, 매복'의 의미로 확대되기도 한다.

　　例字的左边为古文字形。甲骨文缺失的情况，列金文或小篆。若古文字都缺失，则只列楷体。遇有繁体，则在右边括号内列出。以下雷同。

　　예시 글자의 왼쪽은 고문 자형이다. 갑골문이 없는 경우 금문 혹은 소전을 예시로 들었으며 고문자가 모두 없는 경우에는 해서체만 나열했다. 또한 번체자가 있는 경우에는 번체자를 오른쪽 괄호 안에 나열했다. 이하 모두 동일하다.

女 녀

女, 妇人也。
여(女)는 부인(妇人)이다.

甲骨文갑골문	金文금문	小篆소전	隶书예서	楷书해서

"女"是象形字，其甲骨文字形像是一个侧面的跪姿人形：身体直立，双手交叉于胸前，踮起脚跟，屈膝而跪。古代男女有着明确的分工，男性在外从事生产，女性在家操持家务，屈膝交手是一种室内劳动的常见姿态，甲骨文抓住了女性的这一常见特征，用一个双腿屈膝的跪姿形来表示女性。

　　《说文解字》说："女，妇人也。"古代对未婚女和已婚女的称谓有所区别。未婚的叫做"女"，已婚的叫做"妇"，现在常把两者合起来统称为"妇女"，既可指未婚女性，也可指已婚女性，但"妇"仍然指已婚女性。比如与男子结婚叫做"嫁作人妇"；有丈夫的女子叫做"有夫之妇"；年轻的已婚女子常被称做"少妇"。

　　"女"字的金文和小篆虽逐渐失去甲骨文的象形特征，但女性跪姿形态还能看得出来。隶书以后完全失形，已经看不出来女性的任何特征了。关于"女"字的甲骨文字形有值得探讨的问题。甲骨文把女性书写成双腿屈膝的跪姿形态，这是否是女性地位低下的社会写照？对"女"字的解说大概分为两种：第一种认为跪坐姿态是一种被驯服的造型，体现"男尊女卑"的社会形态；第二种恰好相反，认为"女"字的书写不是一种卑下的描述，反而展示的是女性温良娴淑，有礼有节的形象特征。支撑这种观点的理由是：从字形上来看"女"字的身体是向上挺立着的，只有下半身是屈膝跪伏状，整个造型是屈膝而不卑躬。另外，在中国远古的母系社会时代，女性地位高、受尊重，在家族中扮演"一家之长"的角色，中华最古老的姓氏都有女字旁，如姬、姜、姒、妊、姞、嬉、姚等，这些都证明了最初古代中国社会女性的地位并不低下，因此，"女"字被解读成礼节象征是有理有据的。但是，甲骨文是商代文字，甲骨文的解读一定是离不开商代历史大背景的。笔者认为"女"字体现的是一种女子被驯服的姿态。大量的考古发掘资料证明了商代是一个热衷杀戮和人祭，人性道德观念还未成熟完化的社会，杀伐、血腥、征服是商代人的主流观念，文明还未植入进那个时代，商人造出来的"女"字所表达的观念自然不会是一个温良娴淑，有礼有节的女性姿态，屈膝跪伏状的"女"字表现的正是一种被征服者姿态，这符合商人的时代思维。商灭周兴后，文明的种子才逐渐在华夏大地铺散开来，"男尊女卑"等象征当时礼仪文明的秩序观念才逐渐形成。值得一提的是周代礼仪观念下的男女关系和商代杀伐征服观念下的男女关系本质上是不一样的，前者是文明中的秩序，后者是野蛮中的驯服。当然，男女关系到了今天，早已融入进平等、自由的世界共同价值观中，"两性平等"成为社会主流意识。

　　'여'는 상형자이며 갑골문자형은 무릎을 꿇은 사람의 옆모습이다. 사람은 몸을 곧게 세우고 양손을 가슴 앞에 교차하고 있으며, 발꿈치를 들고 무릎을 꿇고 있다. 고대의 남녀는 명확하게 분업을 했다. 남자는 밖에서 생산을 하고 여성은 집에서 집안일을 했다. 무릎을 굽히고 손을 교차하는 것은 실내 노동의 흔한 자세였는데, 갑골문은 여성의 이런 흔한 특징을 포착하여 양 무릎을 굽힌 자세로 여성을 표현하였다.

　　『설문해자』에서는 "여는 부인(妇人)이다"라고 하였다. 고대에는 미혼녀와 기혼녀에 대한 호칭이 각각 달랐다. 미혼인 사람은 '여(女)', 기혼인 사람은 '부(妇)'라고 불렀다. 지금은 둘을 합쳐 '부녀(妇女)'라고 부르는데, 이는 미혼 여성을 나타내기도 하고 기혼 여성을 나타내기도 한다. 하지만 '부'는 여전히 기혼 여성을 나타낸다. 예를 들어, 남자와 결혼한 자를 '가작인부(嫁作人妇)'라고 하고, 남편이 있는 여자를 '유부지부(有妇之夫)'라고 하며 ; 젊은 기혼 여자를 '소부(少妇)'라고 한다.

　　'여'의 금문 및 소전은 점점 갑골문의 상형적 특성을 잃어갔지만, 여성이 무릎을 꿇은 형태는 그대로 드러난다. 이후에 예서는 형태를 완전히 잃어 여성의 어떤 특징도 찾아볼 수 없게 되었다. '여'의 갑골문자형에 대해 논의할 만한 문제가 있다. 갑골문에서 여성을 무릎을 꿇은 자세로 묘사하였는데, 이는 여성의 낮은 지위를 나타내는 사회적인 묘사일까? '여'에 대한 해설은 크게 두 가지로 나뉜다. 첫째는 무릎을 꿇고 있는 자세를 길들여진 모습으로 조형하여 '남존여비'의 사회 형태를 나타낸다는 것이다. 둘째는 반대로 '여'는 비하의 묘사가 아니라 여성의 따뜻하고 고상하고 선량한 이미지를 보여주어 예의바른 이미지의 특징을 보여준다는 것이다. 이를 뒷받침하는 이유는 자형상 '여'의 몸은 위로 솟아 있고 하반신만 무릎을 꿇고 엎드린 형태로 되어 있으며, 전체적인 형상은 무릎만을 굽힌 것이지 비굴하게 아첨하는 형상은 아니기 때문이다. 또한 중국의 먼 옛날 모계 사회 시대에는 여성의 지위가 높았고 여성이 존중을 받았다. 여성이 가정에서 '가정의 장'의 역할을 했었으며, 중국에서 가장 오래된 성씨에는 다 '여'자 편방이 붙었다. 예를 들어, 희(姬), 강(姜), 사(姒), 임(妊), 운(妘), 언(嫣), 요(姚) 등이 있다. 이 근거들은 초기 고대 중국 사회에서 여성의 지위가 결코 낮지 않았음을 증명한다. 따라서 '여'가 예절의 상징으로 해석된 것은 이치와 근거가 있다. 하지만 갑골문은 상나라 시대의 문자이며 갑골문의 해석은 상나라의 역사적인 배경과 떼놓을 수 없다. 필자는 '여'자는 여자의 길들여진 자태를 나타낸다고 생각한다. 대량의 고고학 발굴 자료는 상나라 시대가 살육, 인신공희에 열중하고 인성 도덕 관념이 아직 성숙하지 않은 사회임을 증명하고 있다. 살해, 피비린내, 정복은 상나라 사람들의 주류 관념이며, 문명이 아직 심어지기 전의 그 시대에 상나라 사람이 만들어낸 '여'자가 표현하는 관념은 자연히 따뜻하고 고상하고 선량한, 예의 바른 여성의 자태일 수가 없다. 무릎을 굽히고 엎드린 모양의 '여'가 표현하는 것은 일종의 피정복자 자세이며 이는 상나라 사람의 시대적 사고에 부합한다. 상나라가 멸망하고 주나라가 흥한 후에야 문명의 씨앗이 점점 화하 대지에 퍼졌고 '남존여비' 등 당시의 의례 문명을 상징하는 질서 관념이 점차 형성됐다. 특히 주나라의 의례 관념에 따르면 남녀관계와 상나라의 살해, 정복 관념에 따르면 남녀 관계는 본질적으로 다르며, 전자는 문명 중의 질서이고 후자는 야만 중의 순종이라는 점은 주목할 만하다. 물론, 오늘날 남녀 관계는 평등하고 자유로운 세계 공통의 가치관에 녹아 들었고 '양성 평등'이 사회의 주류 의식이 되었다.

衍生字 파생자

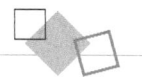

姓

由女、生会意，"生"字也表声，会意兼形声字。"女"和"生"结合表示女人生孩子。中国远古的母系氏族社会是以母亲血缘为核心的家庭结构，小孩出生冠母性，"姓"的本义就是姓氏。

여(女)와 생(生)으로 회의되었다. '생'은 소리를 나타내며, 회의자이자 형성자이다. 또한 '여'와 '생'이 결합하여 여성이 아이를 낳는 것을 나타낸다. 중국의 먼 옛날 모계 씨족사회는 어머니의 혈연을 핵심으로 하는 가족 구조로 아이가 태어나면 어머니의 성을 따랐는데, '성(姓)'의 본래 의미는 성씨이다.

嫁

由女、家会意，"家"字也表声，会意兼形声字，表示女子嫁进男子的家，本义就是女子结婚。

여(女)와 가(家)로 회의되었다. '가'는 소리를 나타내며, 회의자이자 형성자이다. 또한 이는 여자가 남자의 집에 간다는 것을 의미하며, 본래 의미는 여자가 결혼한다는 것이다.

娶

由女、取会意，"取"字也表声，会意兼形声字，表示男子把女子接到自己家来，本义就是男子结婚。

여(女)와 취(取)로 회의되었다. '취'는 소리를 나타내며, 회의자이자 상형자이다. 또한 이는 남자가 여자를 자신의 집으로 데려오는 것을 의미하며, 본래 의미는 남자가 결혼한다는 것이다.

妇(婦)

由女、帚会意。一个女人手持扫帚打扫卫生，这是家庭主妇常做的家务活儿，本义即是操持家事的已婚女人。

여(女)와 추(帚)로 회의되었다. 한 여자가 빗자루를 손에 들고 청소를 하는 것은 가정주부가 흔히 하는 집안일이다. 이 글자의 본래 의미는 집안일을 하는 기혼 여성이다.

子자

子，十一月，阳气动，万物滋。
자(子)는 11월을 나타낸다. 이때 양기가 발동하면 만물이 번식한다.

甲骨文갑골문	金文금문	小篆소전	隶书예서	楷书해서

1. 人物인물

"子"是象形字，其甲骨文和金文的写法较多，按字形分析，大概可以分为两种：一种是襁褓中婴儿的形状，如 ᛇ、 ᛞ。这种字形抓住了婴儿不会走路的特点，下部是不会走路的婴儿被包裹双腿的形状；另外一种是突出婴儿头部胎毛的样子，甲骨文可写作 ᛟ、 ᛈ，金文可写作 ᛊ、 ᛉ。无论是哪种写法，"子"都形似一个婴孩形状，本义即为婴儿。

≪说文解字≫说："子，十一月，阳气动，万物滋，人以为偁。"古人为何把十一月称作"子"呢？依古代传统思想，生命的运行需"气"，阳气足，生命则盛，阳气弱，生命则衰。婴儿代表初生、萌芽，是生命的起点，正是生命之"气"开始发动生长之时，所以说"子，阳气动，万物滋"。按照现在的四季划分，十一月属秋，秋天本是阳气逐渐收敛之季，但为什么又说充满生命力的"子"代表十一月呢？原来，古代记录时间的方法和现在有所不同。现代人是用数字的排序来记录时间的，如一月、二月、三月……一点、两点、三点等。古代记录时间的方法叫做"天干地支法"，天干有甲、乙、丙、丁、戊、己、庚、辛、壬、癸共十干，地支有子、丑、寅、卯、辰、巳、午、未、申、酉、戌、亥共十二支。古人记录月份时，把十二地支分别对应十二个月，以冬至所在的那个月份对应十二支中的首位"子"。古时的冬至月是十一月，"子"即是代表十一月。古人认为冬天来了，春天就会跟着来。冬至是至阴，阴极则阳生，这时候白昼逐渐变长，阳气逐渐滋生，所以≪说文解字≫说"子"代表阳气初生的十一月。从古至今，上至皇权贵族，下至普通百姓，中国人的家庭观特别注重子嗣的繁衍，常说"子子孙孙"、"多子多福"、"人丁兴旺"。一个家族子嗣多，代表阳气旺，中国人认为家族的兴旺昌盛和子孙的多少是密切相关的，这也是中国家庭为何如此重视繁育后代的原因之一。另外，婴儿代表初生、萌芽，所以"子"又延申为种子、卵子等意义。

"자"는 상형자이며, 갑골문과 금문의 서법이 비교적 많다. 자형으로 분석하자면 두 가지로 나눌 수 있다. 첫째는 포대기 안 아기의 형상이다. 예를 들면, ᛇ와 ᛞ이다. 이 자형은 걸을 수 없는 아기의 특징을 나타냈으며 아랫부분은 걸을 수 없는 아기의 다리를 감싸고 있는 형태이다. 또한 아기의 배냇머리가 돋보이는 형태로, 갑골문의 형태는 ✡, ✦이고, 금문의 형태는 ✧, ✩이다. 어떤 식으로 쓰든 '자'는 아기처럼 생겼으며 본래 의미는 아기라는 뜻이다.

『설문해자』에서는 "자(子)는 11월을 나타낸다. 이때 양기가 발동하면 만물이 번식한다. 사람은 '子'를 빌어 호칭으로 삼는다"라고 하였다. 고대 사람은 왜 11월을 '자'라고 불렀을까? 고대 전통 사상에 따르면 생명이 흘러가기 위해서는 '기'를 필요로 하며, 양기가 충분하면 생명이 왕성하고, 양기가 약하면 생명이 쇠약해진다. 아기는 생명의 초생, 새싹을 대표하며, 생명의 출발점이다. 생명의 '기'가 발동하여 성장하기 시작할 때이므로 "자(子)는 양기가 발동하면 만물이 번식한다"라고 한다. 지금의 사계절로 구분하면 11월은 가을에 속하고 가을은 양기가 차츰 수그러드는 계절인데 왜 생명력이 넘치는 '자'가 11월을 대표하는 것일까? 사실 고대에는 시간을 기록하는 방법이 지금과는 달랐다. 현대인은 1월, 2월, 3월, 1시, 2시, 3시 등 숫자의 정렬로 시간을 기록한다. 고대에는 시간을 기록하는 방법을 '천간지지법(天地地支法)' 이라고 했는데, 천간에는 갑·을·병·정·무·기·경·신·임·계의 십간(十干)이 있고, 지지에는 자·축·인·묘·진·사·오·미·신·유·술·해의 십이지(十二支)가 있다. 고대인은 달을 기록할 때 십이지지(十二地支)를 각각 12개월에 대응시켰고, 동지가 있는 달은 십이지 중 첫번째 '자'에 대응시켰다. 옛날의 동짓달은 11월이었고, '자'는 바로 11월을 의미했다. 고대 사람은 겨울이 오면 봄이 따라온다고 생각했다. 동지는 지음(至阴)이고 음극은 양생(阳生)인데, 이때 낮이 점차 길어지고 양기가 점차 번식하기 때문에 『설문해자』에서는 '자'가 양기의 초생을 대표하는 11월이라고 하였다. 고대부터 오늘날까지, 위로는 황권 귀족 아래로는 일반 백성까지 중국인의 가정관은 특히 자손의 번식을 중시하며 흔히 '자자손손', '나자다복', '가문 번창'이라는 말을 했다. 한 집안에 자손이 많다는 것은 양기가 왕성하다는 것을 의미하며, 중국인은 집안의 번영이 자손의 수가 밀접한 관련이 있다고 생각했다. 이는 중국 가정이 자손 번식을 중시하는 이유 중 하나이다. 또한 아기는 초생, 새싹을 대표하므로, '자'는 종자, 난자 등의 의미로 확장되기도 한다.

衍生字 파생자

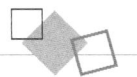

 孕

古文字形像是一个婴儿装在肚子里，象形字，表示妇女怀胎，本义怀孕。

고대의 자형은 아이가 뱃속에 들어 있는 것과 닮았다. 상형자이며, 여성이 배태한 것을 나타낸다. 본래 의미는 임신이다.

 字

由子、宀会意，"子"字也表声，会意兼形声字。"子"在"宀"之下，表示在屋内生孩子，本义即是生育。文字的"字"是后来的假借义。文字就如生孩子一样，不断滋生繁衍，越来越多。

자(子)와 면(宀)으로 회의되었다. 자(子)는 소리를 나타내며, 회의자이자 형성자이다. '자'가 '면' 아래에 있어 집에서 아이를 낳은 것을 나타낸다. 본래 의미는 출산이다. 문자의 '자'는 훗날 가차되어 나온 뜻이다. 문자는 아이를 낳는 것과 같이 끊임없이 번식되어 점점 많아진다.

 孙(孫)

由子、系会意。"系"有连接、继承的意思，儿子的儿子，就是孙。

자(子)와 계(系)로 회의되었다. '계'는 연결, 계승의 뜻이 있는데 아들의 아들이 바로 손(孫)이다.

 孝

由子、老会意，"耂"是"老"的省略字形。古文字形像孩子背着老人的样子，尽心奉养老人就是孝，本义即是孝顺。

자(子), 로(老)로 회의되었다. '로(耂)'는 '로(老)'의 생략 자형이다. 고대 자형은 아이가 노인을 업고 있는 모습을 닮았는데, 노인을 정성껏 모시는 것이 효(孝)이며, 본 글자의 본래 의미가 바로 효도이다.

儿(兒) 아

兒, 孺子也。
아(兒)는 유자(孺子)이다.

甲骨文갑골문	金文금문	小篆소전	隶书예서	楷书해서
ᄇ	ᄇ	兒	兒	兒

1. 人物인물

"儿"是象形字，汉字简化后，"儿"是"兒"的简体字，其实两者原来不是同一个字。《说文解字》说："儿，仁人也。古文奇字人也。"也就是说"儿"就是"人"，"儿"字是"人"字的另一种写法。"兒"字的甲骨文字形下面就是一个站立的人形，后来在"儿"字上加上了一个像是头盖顶门没有合起来的脑袋形状，表示幼儿。《说文解字》对后来新造的"兒"字作了解释："兒，孺子也。""孺"即是幼儿、幼童的意思。从古文字形上来看，"儿"和"兒"在字义上是紧密联系的，但两者并不等同。"儿"是"兒"的源字，后者是在前者的基础上造出来的，但现在我们把儿用作"兒"的简体字。

　　在古代"儿"指男孩，现代汉语中"儿"和"子"合称儿子，也专指男孩。现在称男孩为儿子，女孩为女儿，合称"儿女"或"子女"。"儿"和"子"都有婴幼儿的意思，但从两者的古文字形来看还是有所区别。ᕠ(儿)字的下半部是一个脚可落地的站立人形，ᕽ(子)字的下半部是一个双腿包裹着的形状，说明"儿"的年纪要比"子"稍大，前者指幼童，后者指婴儿。有个成语叫做"孺子可教"，"孺"就是儿的意思，"孺子"就是指小孩子，意思说小孩子是可以教导的，后来又引申为年轻人有培养前途。

　　现代汉语中"儿"可以是父母对子女的统称，也可以是子女对父母的自称。另外，"儿"还常用作名词后缀，由"幼儿"之义引申出"小"的意思，如"小猫儿"、"小狗儿"等。在普通话的口语发音中，"儿"常粘连在另一个词语后成为儿化词，发儿化音，如"花儿"、"小人儿"等。这些词后的"儿"无实际意义，也不能单独成为一个音节独立发音，只能和前一个汉字合为一个音节，代表儿化的卷舌读音。儿化发音是北方方言口语中习惯性使用的发音方法，南方口语则很少使用。

　　'아'는 상형자이며, 한자가 간소화된 후'아(儿)'는 '아(兒)'의 간체자가 되었다. 사실 두 글자는 원래 같은 글자가 아니었다. 『설문해자』에서는 "인(儿)은 어진 사람이다. 인(人)의 고문기자이다."라고 하였다. 즉 '아(儿)'는 '인(人)'이고, 아(兒)는 '인(人)'의 또 다른 표현이다 '아(兒)'의 갑골문자형 아래는 서 있는 사람 모양인데, 나중에 '아(儿)'자의 위에 정수리가 닫히지 않은 듯한 머리 모양을 붙여 유아를 표현했다. 『설문해자』에서는 새로 만들어진 '아(兒)'에 대해 "아(兒)는 유자(孺子)이다."라고 설명했다. 따라서 '유(孺)'가 바로 유아, 어린이라는 의미를 지니고 있다. 옛 글자 자형을 살펴보면, '아(儿)'와 '아(兒)'는 의미상 긴밀하게 연결되어 있지만 두 글자가 동일한 것은 아니다. '아(儿)'는 '아(兒)'의 근원이 되는 글자이며, 후자는 전자의 기초 아래 만들어진 것이다. 하지만 지금 우리는 '아(儿)'를 '아(兒)'의 간체자로 사용하고 있다.

고대의 '아(儿)'는 남자아이를 의미했지만, 현대 중국어에서 '아(儿)'와 '자(子)'는 합쳐서 '아들(儿子)'이라고 부르며 이는 남자아이를 지칭하기도 한다. 지금은 남자아이를 '아들(儿子)', 여자아이를 '딸(女儿)'이라고 부르며, 합쳐서 '아들과 딸(儿女)' 혹은 '자녀(子女)'라고 지칭한다. '아(儿)'와 '자(子)' 모두 영유아의 의미가 있지만 고대 문자의 형상을 살펴보면 다른 점이 있다. ᡭ(儿)의 하반부는 한 발로 착지할 수 있는 사람이 서 있는 형상이며, ᡰ(子)의 하반부는 두 다리를 감싸 안고 있는 모양이다. 즉 '아'의 나이가 '자'보다 조금 많으며 전자는 유아이고 후자는 아기이다. '유자가교(孺子可教)'라는 성어가 있다. 여기서 '유(孺)'는 아(儿)의 의미이며, '유자(孺子)'는 아이의 의미이다. 즉 아이는 가르칠 수 있다는 것을 뜻하며, 훗날 젊은이는 장래를 기를 수 있다는 의미로 확장되었다.

현대 중국어에서 '아'는 부모의 자녀에 대한 통칭일 수도 있고, 자녀의 부모에 대한 자칭일 수도 있다. 또한 '아'는 명사의 접미사로도 많이 사용되는데 '유아'의 의미에서 '작다'의 의미를 이끌어 내어 '작은 고양이(小猫儿)', '작은 강아지(小狗儿)' 등으로 표현한다. 표준어의 발음에서 '아'는 항상 다른 단어 뒤에 붙어 얼화(儿化) 단어가 되고 얼화음이 발음된다. 예를 들어, "꽃(花儿)", "젊은이(小人儿)" 등이 있다. 이러한 단어 뒤에 있는 '아'는 실제 의미가 없으며 단독으로 하나의 음절이 되어 발음할 수 없다. 다만 앞의 한자와 하나의 음절로 합쳐져 얼화된 권설음을 나타낸다. 이러한 얼화 발음은 북방 방언의 구어에서 습관적으로 사용되는 발음 방법으로 남방 구어에서는 거의 사용되지 않는다.

衍生字 파생자

兄

由儿、口会意。古文字形上部像一个张大的嘴巴，下部像一个站立的人形，表示兄长教育或指示下面的弟妹，本义即是兄长。

아(儿)와 구(口)로 회의되었다. 옛 글자 자형의 상부는 크게 벌린 입 모양이며, 하부는 서 있는 사람 모양이다. 이는 형이 교육을 하거나, 아래의 남동생 및 여동생에게 지시하는 것으로 본래 의미는 형이다.

光

由儿、火会意，"ˇˇ"表示"火"。古文字形像一个跪着的人头上顶着一团火光，表示明亮，本义是光明。

아(儿)와 화(火)로 회의되었다. '소(ˇˇ)'는 '화(火)'를 나타낸다. 옛 글자의 형상은 무릎을 꿇고 있는 사람이 머리 위에 불빛을 이고 있는 것으로 밝은 것을 나타내며 본래 의미는 광명이다.

先

由儿、止会意。古文字形上部是"止"字，像一只脚的形状，下部是一个人，表示一个人在前行，本义即是走在前面。

아(儿)와 지(止)로 회의되었다. 옛 글자 자형의 상부는 '지(止)'로 한쪽 발 모양이고, 하부는 한 명의 사람으로 한 사람이 앞으로 나아가는 것을 나타낸다. 본래 의미는 앞에서 걷는 것을 의미한다.

见(見)

由儿、目会意。一个人睁着大眼睛看向前面，本义是看见。看见东西就会有所得，又引申为见解、见识。

아(儿)와 목(目)으로 회의되었다. 한 사람이 눈을 크게 뜨고 앞을 보는 것으로, 본래 의미는 '보다'이다. 보면 얻을 수 있기 때문에 견해, 견식으로 의미가 확장되기도 한다.

父 부

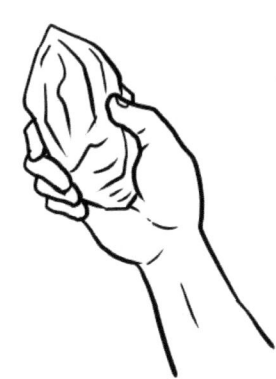

父, 矩也, 家長, 率教者。
부(父)는 규칙을 지키며, 가장이자 지도하고 교육하는 자이다.

甲骨文 갑골문	金文 금문	小篆 소전	隶书 예서	楷书 해서
父	父	父	父	父

1. 人物 인물

"父"是指事字，本义是父亲，其古今意义基本无变化。"父"的甲骨文⺜由左上部一竖和右部的⺊组成。⺊是"又"字的甲骨文写法，"又"在现代汉语中主要用作副词，表示动作行为的重复、继续。现代汉语意义的"又"和"父"两个字看起来好像没有什么关系，为何两者甲骨文的写法如此相似呢？先来看看≪说文解字≫对两个字的解释。≪说文解字≫说："又，手也。"甲骨文⺊正是一只右手的形状。人本来有五指，"又"的甲骨文上部却只有三指。中国古人以数字三表示多的意思，三指即可用来表示五指。可见"又"原本的造字本义是指手，表示重复义的副词"又"是后来的假借意义。古人在造"父"这个字的时候，在"又"字左上部多加一竖，这一竖是一种指示符号。≪说文解字≫说："父，矩也，家长，率教者。从又举杖。"意思是父亲是坚持规矩的人，是一家之长，是引导教育子女的人，由手举杖来表示父亲这个意思。≪说文≫认为这加上去的一竖代表棍杖，父亲手持棍杖代表家庭权威，有树立规矩，教育引导子女的职责。

　　也有一种解释认为这一竖代表石斧之类的劳作工具。古代家庭中男女各有分工，男人在户外从事生产劳动，女人在家操持家务，因此"父"字就代表家庭中从事劳作的男人，即是父亲。另外，斧在古代还是权力的象征，手持石斧表示父亲拥有家族的权力，象征权威。汉字"斧"是由声旁"父"与形旁"斤"组成，"斧"字的初字就是"父"，后来当父的"持斧"本义消失后，才在"父"字的下面加上表示刑具的"斤"，重新造了一个"斧"字，"父"和"斧"二字的意义才完全分开。现在当我们请别人给予指点时常说"请斧正"，"斧正"即是请别人对自己不当的地方提出意见，有指引、教导之意，这个意思就是来自于"父"的本义。

　　无论哪种解释，可见在古人心中，"父亲"这个角色代表着拥有权力，象征权威，有指引、教导众人的职责，是众人的模范与表率，由此又引申出"父"的品德之义。所以在古代"父"除了指父亲外，也用于对有才德男子的尊称。现在我们把老师也称为"师父"，西方的宗教也有"教父"、"天父"、"神父"等称呼，可见"父"这个字所承载的文化内涵中西是有共通点的。现代汉语中，"父"除了指父亲外，也作为家族中男性长辈的通称，如祖父、伯父、叔父、舅父等。

'부'는 지사자이다. 본래 의미는 아버지이며 옛날부터 지금까지 의미가 변하지 않았다. '부'의 갑골문 ᛣ 은 좌측 상단의 세로줄과 우측의 ᛉ으로 구성되어 있다. ᛉ는 '우(又)'의 갑골문 서법이다. '우'는 현대 중국어에서 부사 역할을 하며 동작 행위의 반복과 계속을 나타낸다. 현대 중국어에서 '우'와 '부' 두 글자의 의미는 연관성이 없어 보이는데, 왜 갑골문에서는 서법이 이렇게 비슷한 것일까? 『설문해자』의 두 글자에 대한 해석을 살펴보자. 『설문해자』에서는 "우(又)는 손이다"라고 하였다. 갑골문 ᛉ은 바로 오른손 형상이다. 하지만 사람은 5개의 손가락이 있는데, '우'의 갑골문에서는 3개의 손가락만 있다. 중국 고대인은 숫자 3으로 많다는 의미를 표현하였으며, 3개의 손가락으로 5개의 손가락을 표현할 수 있다. '우' 글자가 만들어진 본 의미는 손이며, 중복된 뜻을 나타내는 부사 '우'는 훗날에 가차된 것이다. 고대인은 '부'를 만들 때 '우' 좌측 상부에 세로줄을 하나 추가했으며 이 세로줄은 일종의 지시 기호였다. 『설문해자』에서는 "부(父)는 규칙을 지키며, 가장이자 지도하고 교육하는 자이다. 그는 '우'의 뜻을 따르며 손으로 막대기를 든다"라고 하였다. 이는 아버지는 규칙을 지키는 사람이며, 가장이자 자녀를 교육하는 자이고, 손으로 막대기를 드는 자라는 것으로 아버지를 표현한 것이다. 『설문』에서 추가한 세로줄은 막대기를 의미한다. 아버지가 손에 막대기를 들고 있는 것은 가족의 권위를 의미하며, 규칙을 세우고 자녀를 교육하는 책임이 있다는 것이다.

한편 해당 세로줄이 돌도끼 같은 작업 도구를 의미한다는 견해도 있다. 고대 가정에서는 남녀가 각자 분업을 했다. 남자는 야외에서 생산 노동을 했고 여자는 집에서 집안일을 했다. 따라서 '부'는 가정에서 노동을 하는 남자, 즉 아버지를 의미한다는 것이다. 또한 도끼(斧)는 고대에서 권력의 상징이었고, 손에 도끼를 가지고 있는 것은 아버지가 가족의 권력을 가지고 있다는 의미로 권위를 상징한다는 것이다. 한자 '부(斧)'는 음을 나타내는 부분 '부(父)'와 형을 나타내는 부분 '근(斤)'으로 구성되어 있다. '부(斧)'의 초기 글자는 '부(父)'였으며 훗날 아버지의 '손에 도끼를 가지고 있는 것(持斧)'의 본래 의미가 소실된 후 '부(父)'의 아래에 형구를 표현하는 '근(斤)'이 추가했다. 이로써 '부(斧)'가 다시 만들어졌으며, '부(父)'와 '부(斧)'의 의미가 완전히 달라졌다. 오늘날 우리는 남에게 조언을 구할 때 흔히 '바로잡아 주십시오(请斧正, 청부정)'라고 하는데, '부정(斧正)'은 남에게 자신의 부당한 점에 대해 의견을 내달라는 의미로, 지도 및 교도의 의미가 있다. 이는 '부(父)'의 본래 의미에서 나온 것이다.

어떤 해석이든 고대인의 마음속에서 '아버지'의 역할은 권력을 대표하며 권위를 상징한다. 또한 지도, 교도의 책임을 가지고 있으며 사람들의 모범과 귀감이다. 이를 통해 '부'의 인품과 덕성의 의의를 이끌어낼 수 있다. 따라서 고대의 '부'는 아버지 외에도 재덕 있는 남자에 대한 존칭으로 사용되기도 했다. 현재 우리는 선생님을 '사부(师父)'라고 부르며 서양의 종교 영역에서도 '교부(教父)', '천부(天父)', '신부(神父)' 등의 호칭이 있을 정도로 '부'라는 글자가 담고 있는 문화적 함의는 중국과 서양의 공통점이 있다. 현대 중국어에서 '부'는 아버지 외에도 조부, 백부, 숙부, 외삼촌 등 가족 내 남성 어른의 통칭으로 쓰인다.

衍生字 파생자

爹

"父"表义，"多"表声，形声字。"爹"是对父亲的口语称呼，农村地区使用较多。"多"还表示数量多，寓意一个家庭多子多福。

'부(父)'는 뜻을 나타내고, '다(多)'는 소리를 나타낸다. 형성자이다. '다(爹)'는 아버지의 구어 호칭으로 농촌 지역에서 많이 사용한다. '다(多)'는 수가 많다는 것을 나타내며, 이는 한 가정에 자녀와 복이 많다는 것을 의미한다.

爸

"父"表义，"巴"表声，形声字。"爸"是对父亲的后起称呼，"巴"还有期望、期盼的意思。父亲是家里的顶梁柱，所以家人对他都有所期盼。

'부(父)'는 의미를 나타내고, '파(巴)'는 소리를 나타낸다. 형성자이다. '파(爸)'는 훗날에 생긴 아버지에 대한 호칭이다. '파(巴)'는 기대, 희망의 뜻이 있다. 아버지는 집의 중축이기 때문에, 가족은 그에게 기대가 있다.

爷(爺)

"父"表义，"耶"表声，形声字，本义是父亲。现代汉语中指祖父或用作对男性长辈的尊称。

'부(父)'는 뜻을 나타내며, '야(耶)'는 소리를 나타낸다. 형성자이며 본래 의미는 아버지이다. 현대 중국어에서 조부 혹은 남자 어른에 대한 존칭으로 쓰인다.

斧

"父"表义，"斤"表声，形声字，本义是斧头。"斤"是一种古代石斧工具，"斧"在古代象征着权力、权威。一家之主的父亲拿着石斧象征着家庭的权威。

'부(父)'는 뜻을 나타내고 '근(斤)'은 소리를 나타낸다. 형성자이며, 본래 의미는 도끼이다. '근(斤)'은 고대의 돌도끼 두구였고, '부(斧)'는 고대에 권력과 권위를 상징했다. 가장인 아버지가 돌도끼를 들고 있는 것은 가정의 권위를 상징한다.

2
器官 기관

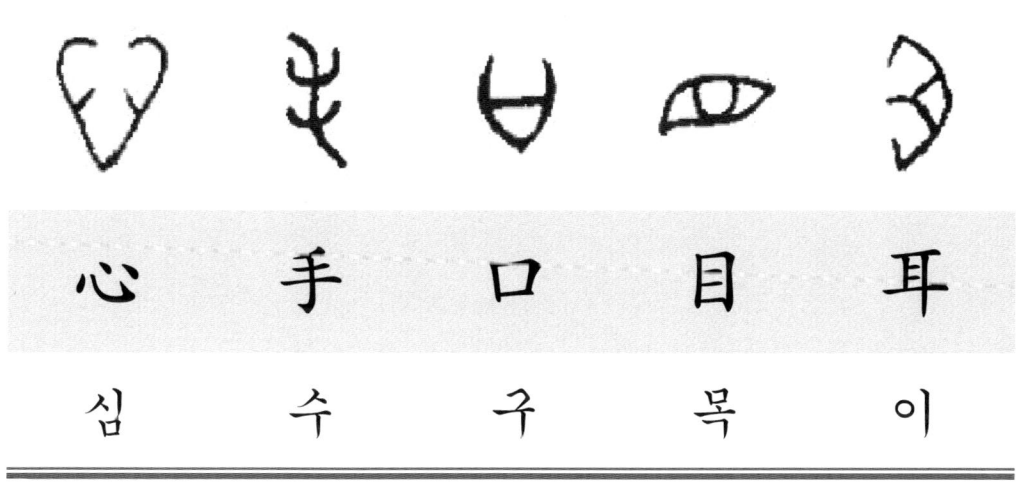

心 심

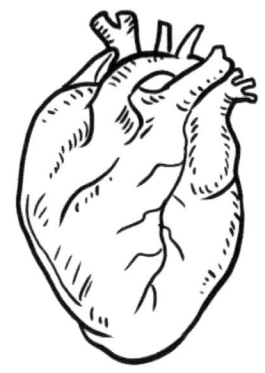

人心, 土藏, 在身之中.
사람의 심(心)은 토(土)에 해당하는 장기이며 몸의 가운데에 있다.

甲骨文갑골문	金文금문	小篆소전	隶书예서	楷书해서
			心	心

2. 器官기관

"心"是一个象形字，甲骨文字形像一颗心脏的模样，金文和小篆为了更加突出心脏的模样，在心脏的外围部分又增添了心包络，隶书以后字形变化较大，逐渐失去了心脏的样子。从古文字形可知"心"就是指人体的器官，本义就是心脏。≪说文解字≫说："人心，土藏，在身之中。"≪说文≫对"心"的解释是从物质属性上来讲，把心看作是一个人体的脏器，并且运用了中国传统的五行观念，认为心脏是属土的器官。土地化育万物，承载生命，心脏为身体各处供给血液，供其正常运行，同样承载人体的生命，因此说心脏是属于土的脏器。但现在的中医把心脏归于五行中的火，认为心脏是属火的脏器，这大概是心脏的跳动代表活力与向上的生命力，具有温热的性质，所以认为心脏是属火的脏器。总之，从造字本义上来看，"心"就是一个人身体里的器官。

但中国古人对"心"这个人体器官却还有另一番看法。我们看看跟思维活动，情感情绪相关的一些汉字，如怕、怀、恨、悟、想、念、忘、悲、意、怒……这些汉字都有一个共同的特点，就是都以"心"作偏旁。(心作为部首，其变体为"忄"，称为"竖心旁"。)≪孟子≫一书里说："心之官则思"。古人把心看作是思想的器官，主管思维，所以跟思维相关的活动，如思想、情感、情绪、心绪、心情等都加上"心"来表义。一个人的精神出了问题，中医不叫"精神病"而叫"心病"；用大脑想问题时，不说"脑想"而说"心想"；解算数问题时，说"心算"不说"脑算"。再比如，中国人常说爱人要"用心爱"，做事要"用心做"，发现美要"用心感受"。中国人的为人处世之道讲究一个"心安理得"，犯了错便自觉"心中有愧"。可见，在汉语的语境下"心"字早已超越了其本来的物质属性，而成为一种具有人性化的感官器官，并承载了中国人的内心世界。

'심'은 상형자이다. 갑골문 자형은 심장의 모양을 닮았다. 금문과 소전에서는 심장의 모양을 더욱 돋보이게 하기 위해 심장의 외곽 부분에 심낭을 추가했으나 예서 이후로 자형의 변화가 커서 점차 심장의 모습을 잃었다. 옛 글자 자형에서 알 수 있듯이 '심'은 인체의 기관으로 본래 의미는 심장이다. 『설문해자』에서는 "사람의 심(心)은 토(土)에 해당하는 장기이며 몸의 가운데에 있다."고 하였다. 『설문』은 물질 속성에서 '심'을 해석했다. 심을 인체의 기관으로 보았고 중국 전통의 오행 관념을 활용해 심장은 토에 속하는 기관으로 보았다. 토지는 만물을 기르고 생명을 지탱한다. 심장은 신체의 모든 곳에 혈액을 공급하여 신체가 정상적으로 작동되도록 하며, 인체의 생명을 지탱하므로 심장은 토에 속하는 장기라고 하였다. 하지만 지금의 중의학에서는 심장을 오행 중 화(火)에 속한다고 보고 있다. 즉 심장은 화에 속하는 장기라는 것이다. 이는 심장 박동이 활력과 위로 향하는 생명력을 대표하며 따뜻한 성징을 가지고 있기 때문에 심장을 화에 속하는 장기로 보는 것으로 생각된다. 따라서 글자를 만든 본래 의미에서 생각하면 '심'은 사람 신체 안의 기관이다.

하지만 중국 고대인은 '심'이라는 인체 기관에 대해 다르게 보는 견해도 있었다. 사고 활동 및 감정 정서와 관련된 한자를 생각해보자. 예를 들어, 파(怕), 부(怀), 한(恨), 오(悟), 상(想), 념(念), 망(忘), 비(悲), 의(意), 노(怒) 등이 있다. 이런 한자는 모두 '심'을 편방으로 둔다는 공통 특징이 있다. [心이 부수로 작용하여 '忄'으로 변한 것을 '수심방(竪心旁)'이라고 한다.] 『맹자』라는 책에서는 "심(心)은 생각하는 것이다(心之官则思)"라고 하였다. 고대인은 심을 생각하는 기관으로 보았고, 사유를 주관한다고 생각했다. 따라서 사유와 관련된 활동, 예를 들어 사상, 정감, 정서, 생각, 심정 등에 '심'을 추가해 뜻을 나타냈다. 한 사람의 정신에 문제가 생기면 중의학에서는 '정신병'이라고 하지 않고 '심병'이라고 한다. 뇌를 사용하여 문제를 생각할 때 '뇌상'이라고 하지 않고 '심상'이라고 한다. 계산 문제를 풀 때 '심산'이라고 하며 '뇌산'이라고 하지 않는다. 예를 들어, 중국인은 사람을 사랑할 때 '마음을 써서(用心) 사랑한다'라고 하고, 일을 할 때 '마음을 써서 한다'라고 하며, 아름다운 것을 발견했을 때는 '마음을 써서 느낀다'라고 한다. 중국인의 남과 잘 어울려 살아가는 도(道)는 '도리에 어긋나지 않고 마음이 편안한 것(心安理得)'을 중요시하는 것이나. 만약 잘못을 저지르면 '마음에 가책을 느끼다(心中有愧)'라고 자각한다. 따라서 중국어의 언어 환경에서 '심'은 이미 본래의 물질적 속성을 넘어서 인간적인 감각 기관이 되어 중국인의 내면 세계를 지탱하고 있다.

衍生字 파생자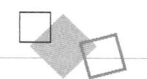

意

由心、音会意。"音"表示声音、言语，用心去倾听别人的言语就知道他的心意，本义就是心意。

심(心)과 음(音)으로 회의되었다. '음'은 소리 및 말을 나타내며, 마음을 써서 타인의 말을 들으면 그의 마음을 알 수 있다라는 뜻으로 본래 의미는 마음이다.

思

由心、囟(xin)会意，"囟"字也表声，会意兼形声字，本义是思考。"田"是"囟"的讹变字形，"囟"指脑门，古人认为脑和心都是思维器官，心脑合作便产生了思想。

심(心)과 신(囟, xin)으로 회의되었으며, '신'은 소리를 나타낸다. 회의자이자 형성자이다. 본래 의미는 사고이다. '전(田)'은 '신(囟)'이 잘못 변한 자형이다. '신'은 이마를 뜻하는데 고대인은 뇌와 마음 모두 사유 기관이며 마음과 뇌가 함께 생각을 만들어 낸다고 여겼다.

忘

由心、亡会意，"亡"字也表声，会意兼形声字，本义是忘记。"亡"表示死亡，死亡了的东西便没有了，心里想的东西没有了，便是忘记。

심(心)과 망(亡)으로 회의되었으며, '망'은 소리를 나타낸다. 회의자이자 형성자이다. 본래 의미는 '잊어버리다'이다. '망(亡)'은 사망을 나타내며 사망한 자는 소멸된다. 마음속에 생각한 것이 소멸되는 것이 바로 잊어버리는 것이다.

愚

由心、禺会意，"禺"字也表声，会意兼形声字，本义是愚蠢。"禺"在古代指代一种长尾猴子，动物心智低下，故说愚笨。

심(心)과 우(禺)로 회의되었으며, '우'는 소리를 나타낸다. 회의자이자 형성자이다. 본래 의미는 '어리석다'이다. '우(禺)'는 고대에 긴꼬리원숭이를 나타냈다. 동물은 지능이 낮아 어리석다고 하였다.

手 수

手, 拳也。
수(手)는 주먹이다.

缺失 소실			手	手
甲骨文갑골문	金文금문	小篆소전	隶书예서	楷书해서

2. 器官기관

"手"是象形字，金文和小篆像是一只分开的手形，五根手指，中指突出。"手"字的古文字写法最早是金文，甲骨文中还没有发现或辨认出"手"字。比起金文的"手"字，更早表示"手"字义的是甲骨文 ，这个字是"手"的初文，现在写作"又"，用作副词，表示重复，在造出"手"字之前，甲骨文"又"字就是手。"取"、"受"、"友"这些字以"又"字作部首就是取"又"的本义。"取"的甲骨文写作 ，左边一只耳朵，右边一只手，手正在割取耳朵表示获取；"受"的甲骨文写作 ，上面的手递东西给下面的手表示接受；"友"的甲骨文写作 ，两只手靠拢在一起表示朋友。

　　另外，甲骨文还有一个字也常用来表示手，写作 ，现在写作"爪"。这个字无论是古文字还是今文字，手的形状都清晰可见，完全突出了汉字的象形特点。现在跟手相关的很多汉字也采用"爪"做部首（"爪"的部首写作"爫"）。比如用手伏地而行叫做"爬"；用手抓或搔叫做"抓"；手拿勺子取水叫做"舀"。从造字时期来看，"手"字比"爪"字晚出，既然两者都表示手，那为什么还要在"爪"之后造一个"手"字呢？其实观察"爪"和"手"的古文字形，两者的区别已经显现出来了。"手"字像一只五指摊开的手，"爪"字像一只向下抓取东西的手，两个字所描述"手"的形状是不一样的，可见古人造字的时候是非常用心地在观察。

　　手是人非常重要的身体器官，人们通过手制造工具，获取生产资料，从事劳动生产，使人类和动物区别开来，人类社会因此进步发展。我们常用"手"来称呼从事某种职业或擅长某种技艺的人，如称船上工作的船员做"水手"；称擅长唱歌的人做"歌手"；又把具有特别能力的人称作"高手"。另外，手和脚位于身体两端，二者相互协同，彼此配合，缺一不可，因此手和脚常常组合在一起并称。形容一个人的举止动作叫做"举手投足"；慌乱拿不定主意叫做"手足无措"；两个人亲密无间叫做"情同手足"。男女恋爱结婚又常说"执子之手、与子偕老"，这里的"手"从一只劳作的"手"变成了一只寄托了人们对美好爱情向往的"手"。

　　'수'는 상형자이다. 금문과 소전에서는 한 개의 분리된 손 모양이 나타나고 다섯 개의 손가락이 있으며 중지가 두드러진다. '수'의 옛 문자 서법은 금문이 최초이며,

갑골문에서는 '손'이 발견되지 않거나 식별되지 않았다. 금문의 '수'보다 '수'의 의미를 더 일찍 표현한 것은 갑골문 ?이다. 이 글자는 '수'의 초기 문자이며, 지금은 '우(又)'라고 쓰고 부사로서 반복을 나타낸다. '수'가 만들어지기 전에는 갑골문 '우'가 바로 손이었다. '취(取)', '수(受)', '우(友)'는 '우'를 부수로 두고 있으며 '우'의 본래 의미를 취하고 있다. '취'는 갑골문에서 ?로 쓰며, 왼쪽에는 한쪽 귀가 오른쪽에는 하나의 손이 있다. 손이 귀를 할취하는 모습은 획득을 의미한다. '수'는 갑골문에서 ?로 쓰며, 위의 손이 아래의 손에게 물건을 건네주는 모습은 받는 것을 의미한다. '우'는 갑골문에서 ?로 쓰며, 두 손이 붙어 있는 모습은 친구를 나타낸다.

또한 갑골문에서 손을 나타내는 또 다른 글자가 있다. 바로 ?이다. 지금은 '조(爪)'라고 쓴다. 이 글자는 옛 글자와 지금의 문자 모두 손의 형상이 잘 나타난다. 한자의 형상적인 특징이 잘 드러나는 부분이다. 현재 손과 관련된 많은 한자는 '조(爪)'를 부수로 두고 있다[조(爪)의 부수는 조(爫)이다]. 예를 들어 손으로 사용해 바닥에 업드려 가는 행위를 '파(爬)'라고 하고, 손으로 잡거나 긁는 것을 '포(爮)'라고 하며, 손으로 국자를 들고 물을 얻는 행위를 '요(舀)'라고 한다. 글자를 만든 시기를 살펴보면, '수'는 '조'보다 늦게 출현했다. 양자 모두 손을 나타내는데 왜 '조'를 만든 후에 또 '수'를 만들었을까? 사실 '조'와 '수'의 옛 글자 자형을 살펴보면, 양자가 다름을 알 수 있다. '수'의 자형은 5개의 손가락이 고르게 벌어져 있는 모습이다. 반면 '조'의 자형은 밑을 향해 물건을 집는 손의 모습이다. 두 글자가 '손'을 묘사한 형상은 다르며, 이를 통해 고대인이 문자를 만들 때 심혈을 기울여 관찰했다는 것을 알 수 있다.

손은 사람에게 매우 중요한 신체 기관이다. 사람은 손을 통해 공구를 만들고 생산 자료를 얻으며 노동 생산에 종사한다. 이는 인류와 동물을 구분지으며 따라서 인류 사회는 진보하고 발전할 수 있었다. 우리는 '수'로 어떤 직업에 종사하거나 어떤 기술에 특출난 사람을 호칭한다. 예를 들어, 배에서 일하는 선원을 '선원(水手, 수수)'라고 하며 노래를 잘 부르는 사람을 '가수'라고 한다. 또 특별한 능력이 있는 사람을 '고수'라고 한다. 또한 손과 발은 신체의 양 끝에 위치하여 서로 협동하고 호흡을 맞춘다. 하나라도 없으면 안 되기 때문에 손과 발을 합쳐서 칭하는 경우가 많다. 한 사람의 행동거지를 형용할 때는 '거수투족(举手投足)'이라고 하고, 당황하여 우물쭈물 거릴 때는 '수족무책(手足无措)'이라고 하며, 두 사람 사이가 친밀할 때는 '정동수족(情同手足)'라고 한다. 남녀가 연애와 결혼을 할 때 "집자지수, 여자해로(执子之手, 与子偕老/그대의 손을 잡고 이생의 끝까지 함께 늙어가네)'라고 말한다. 여기서 말하는 '수'는 노동의 '수'에서 아름다운 사랑에 대한 사람의 동경을 담고 있는 '수'로 바뀌었다.

衍生字 파생자

掰

由手、分会意。两只手把东西分开，就是"掰"。

수(手)와 분(分)으로 회의 되었다. 두 손을 사용해 물건을 나누는 것이 바로 '배(掰)'이다.

招

由手、召会意，"召"字也表声，会意兼形声字。"手"的部首写作"扌"，俗称"提手旁"，"召"有呼唤的意思，用手招呼人过来，就是"招"。

수(手)와 소(召)로 회의되었으며, '소'는 소리를 나타낸다. 회의자이자 형성자이다. '수'의 부수는 '수(扌)'이며 이를 '제수방(提手旁)'이라고 칭한다. 소(召)는 부른다는 의미가 있으며, 손으로 사람을 부르는 것을 '초(招)'라고 한다.

采

由手、木会意。"爫"是"爪"的部首变体，上面一只手摘取下面树上的果实就是"采"。

수(手)와 목(木)으로 회의되었다. '조(爫)'는 '조(爪)'의 부수 변체이다. 위의 한 손으로 아래 나무의 과일을 따는 것이 '채(采)'이다.

取

由又、耳会意。"又"表示手的意思，左边一只耳朵，右边一只手，手割取耳朵就是"取"。古时战争以割取敌人的耳朵数量来记功。

우(又)와 이(耳)로 회의되었다. '우'는 손을 의미하며, 왼쪽에는 귀 한쪽이 있고, 오른쪽에는 손 하나가 있다. 손으로 귀를 할취하는 것이 '취(取)'이다. 고대의 전쟁에서는 적의 귀를 할취한 수량으로 공적을 기록하였다.

口 구

口，人所以言、食也。
구(口)는 사람이 말하고(言) 먹는 것(食)이다.

甲骨文갑골문	金文금문	小篆소전	隶书예서	楷书해서
ᄇ	ᄇ	ᄇ	口	口

"口"是象形字，其古今字形变化较小，古文字像是人嘴的形状，中间的一横像是舌头，隶变以后，圆形字符变成方形，但仍能看出嘴巴的样子。现代汉语中"口"常用作书面表达，口语中常说"嘴巴"。

《说文解字》说："口，人所以言、食也。"这里指明了嘴巴的两个作用：说话与进食。中国人常说"民以食为天"，吃饱饭、吃好饭通常被视为是人生的头等大事。《说文》对"口"的解释，把"言"与"食"两者并列而言，但"言"在前说，"食"在后说，是否反映出中国古人认为说话比吃饭更为重要呢？古人有云："古者言之不出，耻躬之不逮也。"意思是古时候的人是不轻易把话说出口的，因为害怕自己的行为跟不上。中国人认为一个人要成为君子，必须要言行一致，所以父母常教导子女要谨言慎行。古人又说："君子食无求饱，居无求安，敏于事而慎于言。"中国传统文化，重心胜过重物，重道胜过重利，人活着不仅仅为了求得饱暖安逸，还应该有一番理想的追求。如果一个人物质欲望过多，必定会损害正常的思考。言语是思想的直接体现，所以古人常劝导大家不要过于追求物质上的享受，而要多把注意力放到精神世界上来。我们现在也常常告诫别人"祸从口出"、"言多必失"。在西方人和中国人社交的场合里，常常看到西方人侃侃而谈，而中国人则是比较矜持，好像一副欲言又止的样子，这并不是中国人装腔作势，故作矜持，若对中国的传统观念有所了解，这些行为就自然理解了。

人要用嘴巴吃饭，所以"口"又引申为"人口"的意思，表示数量，用作量词。家里如果有三张嘴巴吃饭，我们就说"三口之家"。人一张嘴，口型中空，内外通透，因此形似口的事物常与"口"字相连组成词语，表示该事物的特征。如进出门的地方叫做"门口"；进出洞子的地方叫做"洞口"；开关窗户的地方叫做"窗口"等等。

'구'는 상형자이며 고대부터 지금까지 형태의 변화가 적다. 옛 문자 자형은 사람 입의 형상이었으며 중간의 가로선은 혀를 나타냈다. 예변을 거친 후 구형의 문자 부호가 사각형으로 변했다. 하지만 여전히 입의 모양을 알아볼 수 있다. 현대 중국어에서 '구'는 서면적인 표현에서 사용한다. 구어에서는 '입'이라고 말한다.

『설문해자』에서는 "구(口)는 사람이 말하고(言) 먹는 것(食)이다."라고 하였다.

여기에서는 입의 두 가지 역할, 즉 말하는 것과 먹는 것을 나타낸다. 중국에서는 "백성은 식량을 하늘로 여긴다"라고 말한다. 배불리 먹고 좋은 밥을 먹는 것이 인생의 가장 중요한 큰일로 여겨진다는 것이다. 『설문』에서는 '구'를 해석할 때 '언(言)'과 '식(食)'을 병렬하여 말했다. 하지만 '언'을 앞에서 말하고 '식'을 뒤에서 말한 것은 중국 고대인이 말하는 것을 먹는 것보다 더 중요시했음을 보여주는 게 아닐까? 옛 사람이 말하기를 "옛 사람들은 함부로 말을 내뱉지 않았다. 그것은 자신이 그 말을 지킬 수 없는 것을 수치스럽게 여겼기 때문이다"라고 하였다. 이는 옛 사람들은 쉽게 말을 뱉지 않았으며, 그 이유는 행동이 따르지 못할 것을 부끄러워했기 때문이라는 의미이다. 중국인은 군자가 되기 위해서는 반드시 언행이 일치해야 한다고 생각했다. 따라서 부모는 자녀에게 말과 행동을 각별히 조심하도록 교육을 했다. 옛 사람이 또 말하기를 "군자는 먹을 때 배부름을 추구하지 않고, 거주하는 곳에는 편안한 것을 추구하지 않으며, 일은 민첩하게 하고 말은 신중하게 한다"라고 하였다. 중국 전통 문화는 물질보다 마음을 더 중시하며 이익보다 도를 더 중시한다. 사람은 살면서 포만감과 안일함을 얻는 것뿐만이 아니라 이상에 대한 추구가 있어야 한다. 만약 사람이 물질적인 욕구가 너무 많으면, 반드시 정상적인 사고를 해칠 것이다. 언어는 사상의 직접적인 구현이다. 따라서 고대인은 항상 사람에게 물질적인 쾌락을 과도하게 추구하지 말고 정신 세계에 더 많은 관심을 기울이도록 권했다. 우리는 지금도 타인에게 '화는 입에서 나온다', '말이 많으면 실수하기 쉽다'라고 경고한다. 서양인과 중국인이 사교하는 자리에서 서양인이 당당하게 이야기하는 것을 흔히 볼 수 있다. 하지만 중국인은 비교적 신중한데, 마치 말을 하려다 멈추는 것 같다. 이는 중국인이 거드름 피우는 것이 아니라 일부러 신중을 기하는 것이다. 만약 중국의 전통 관념을 이해한다면 이러한 행동들을 자연스럽게 이해할 수 있을 것이다.

　　사람은 입으로 밥을 먹는다. 따라서 '구'는 '인구'의 뜻으로 확장될 수 있다. 이는 수량을 나타내며 양사 역할을 한다. 만약 집에 밥을 먹는 입이 3개 있다면, 우리는 '세 식구(三口之家)'라고 한다. 사람이 입을 열면 입이 비어있고 안팎이 투명하기 때문에 입과 모양이 비슷한 사물을 '구'와 연결지어 사물의 특징을 나타내는 단어를 형성한다. 예를 들어, 문을 드나드는 곳을 '입구'라고 하고, 구멍을 드나드는 곳을 '동구'이라고 하며, 창문을 여닫는 곳을 '창구'라고 한다.

衍生字 파생자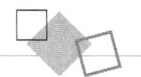

	吠

由口、犬会意。一只狗开口发出叫声就是"吠"，本义就是狗叫。

구(口)와 견(犬)으로 회의되었다. 개 한 마리가 입을 열고 짖는 소리를 내는 것을 '폐(吠)'라고 하며, 본래 의미는 '개가 짖다'이다.

	唬

由口、虎会意，"虎"字也表声，会意兼形声字。老虎开口发出的叫声就是"唬"，老虎的叫声使人害怕，本义即是威吓。

구(口), 호(虎)로 회의되었으며, '호'는 소리를 나타낸다. 회의자이자 형성자이다. 호랑이가 입을 열어 우는 소리는 '호(唬)' 이다. 호랑이가 우는 소리는 무섭기 때문에 본래 의미는 '위협하다' 이다.

 名

由口、夕会意。"夕"是晚上的意思，晚上看不见，所以要开口说出自己的名字来表明身份，本义就是名字。

구(口), 석(夕)으로 회의되었다. '석'은 밤이라는 뜻이다. 밤에는 잘 안 보이기 때문에 입을 열어 자신의 이름을 말해 신분을 밝혀야 하므로 본래 의미는 이름이다.

	君

由口、尹会意。"尹"的古文字是一只手握着杖，表示权力，"口"表示发号施令，只有君主才有权力发号施令，本义即是君主。

구(口)와 윤(尹)으로 회의되었다. '윤'의 옛 글자는 한 손으로 막대기를 들고 있는 것으로 권력을 나타냈다. '구'는 명령을 내려 시행하는 것을 나타내며, 군자만이 해당 권력이 있었다. 본래 의미는 군주이다.

목

目，人眼。
목(目)은 사람의 눈이다.

甲骨文갑골문	金文금문	小篆소전	隶书예서	楷书해서
◐	◐	目	目	目

"目"是一个象形字，甲骨文和金文完全像一只人的眼睛。小篆以后的字形把原本横着的眼睛竖了起来，和甲骨文、金文相比虽然有所失形，但还是可以找到眼睛的样子，中间两横表示瞳仁，外围四周轮廓表示眼眶。"目"的甲骨文和金文还有一种写法是眼珠的圆圈里面加上一点，甲骨文写作 ◎，金文写作 ◎。有个成语叫做"画龙点睛"，讲的是古时候有一个画家给龙画上了眼睛后，龙就飞走了的故事，后人根据这个传说故事引申出"画龙点睛"这个成语，比喻在关键部位着力就会大大提高整体的效果。大概是古人认识到了这一点，因此后来在原来的字形上加上了这传神的一点，瞬间使整个眼睛明亮起来。我们常说眼睛是心灵的窗户，人的喜怒哀乐，只需一个眼神，便可传递知晓，甚至人与人之间的交流也可以突破语言的限制，用眼睛来传情达意。

　　我们再来看几个由眼睛引申出的意思。汉字"直"甲骨文写作 ◎，眼睛上加了一竖，表示从眼睛发出的视线是笔直的，本义即是笔直不弯曲。一个人的视线笔直不偏移，引申出"正直"之义。说话做事不喜欢拐弯抹角，我们便可说性格直爽、直率。汉字"德"中间部分是一个倒着写的"目"字，现在用作"道德"、"品德"之义，可是造字之初"德"的本义并非如此。"德"字的甲骨文写作 ◎，左边部分表示道路或方向，右边是一只向前正视的眼睛，两者结合，表示笔直地向正前方走、看，后来金文在眼睛下加了一个"心"字，写作 ◎，表示不仅要正行、正看，还要正心，三者皆正，就是"德"，"道德"、"品德"皆是后出之义。成语"一目了然"，意思是一看心里便清楚、明白。在古人看来，眼睛除了是人体的一种器官之外，还有更高深的含义，它可以连接人心，传递情感，交流思想。

　　现代汉语中"目"常说成"眼"或"眼睛"，两者意思完全相同，但用法有别。"眼"可以单说，"目"不能。比如可以说"瞪着眼"，但不能说成"瞪着目"，"目"只用在词语的组合或是成语里，如"目光"、"目瞪口呆"等。

　　'목'은 상형자로, 갑골문과 금문이 완전히 한쪽 눈과 닮았다. 소전 이후의 자형은 가로로 되어 있는 눈을 세운 것이며, 갑골문 및 금문과 비교했을 때 모양이 다소 달라졌지만 여전히 눈의 모양을 찾을 수 있다. 중간의 두 가로줄은 눈동자를 나타내며,

외곽의 테두리는 눈가를 나타낸다. '목'의 갑골문과 금문의 또 다른 서법은 눈동자의 동그라미 안에 점을 넣는 것인데, 갑골문에서는 ⊘으로 쓰고, 금문에서는 ⊘으로 쓴다. '화룡점정'이라는 성어가 있다. 이는 옛날에 한 화가가 용 그림에 눈을 그려 넣은 후 용이 날아갔다는 이야기에서 비롯됐다. 후대인은 해당 전설 이야기에서 '화룡점정'이라는 성어를 이끌어냈는데, 이는 중요한 부분에 힘을 주면 전체적으로 효과가 크게 높아진다는 것을 비유한다. 옛 사람은 이 점을 알았기 때문에 후에 원래의 자형에 생동감이 넘치는 점을 추가해 순간적으로 전체적인 눈이 밝아지도록 만들었다. 우리는 흔히 눈은 마음의 창이라고 말한다. 사람의 희노애락은 눈빛 하나로도 알 수 있고, 심지어 사람 간의 교류도 언어의 한계를 뛰어넘어 눈으로 감정을 전하고 생각을 나타낼 수 있다.

    눈에서 도출되는 뜻을 몇 가지 더 살펴보자. 한자 '직(直)'의 갑골문은 ⊥ 이다. 눈에 세로줄을 하나 더해 눈에서 나오는 시선이 곧은 것을 나타낸다. 본래 의미는 매우 곧다는 것이다. 사람의 시선이 곧고 치우침이 없는 것은 '정직'의 의미를 이끌어낸다. 말을 하거나 일을 할 때 빙빙 돌리지 않는 것을 우리는 성격이 시원시원(直爽)하고 솔직하다(直率)고 말한다. 한자 '덕(德)'의 가운데 부분은 뒤집어 쓴 '목(目)'으로 지금은 '도덕(道德)', '품덕(品德)'의 의미로 쓰이지만 글자를 만든 초기에 '덕'의 의미는 이렇지 않았다. '덕'의 갑골문은 ⊥이다. 왼쪽 부분은 도로의 방향을 나타내고 오른쪽은 앞을 정시하고 있는 눈이다. 두 개가 합쳐지면 똑바로 앞을 향해 걷고 보는 것을 의미한다. 후에 금문에서는 눈 아래 '심(心)'을 더해 ⊥로 썼다. 이는 바르게 걷고 바르게 보는 것뿐만 아니라 바른 마음도 나타낸다. 세 가지가 모두 바른 것이 바로 '덕'이다. '도덕'과 '품덕'은 모두 나중에 나온 의미이다. 성어 '일목요연'은 한 번 보면 분명하고 뚜렷하게 알 수 있다는 것을 의미한다. 고대인의 관점에서 눈은 인체의 기관일 뿐만 아니라 사람의 마음을 연결하고 감정을 전달하며 생각을 교류할 수 있는 더 깊은 의미를 가지고 있다.

    현대 중국어에서 '목'은 '안(眼)' 혹은 '안정(眼睛)'이라고 한다. 두 글자의 의미는 완전히 같지만 용법은 다르다. '안'은 단독으로 말할 수 있지만, '목'은 그렇지 않다.

예를 들어 '안(눈)을 크게 뜨다'라고는 말하지만 '목을 크게 뜨다'라고는 할 수 없다. '목'은 '눈빛(目光)', '어안이 벙벙하다(目瞪口呆)'와 같은 단어의 조합이나 성어에서만 쓰인다.

衍生字 파생자

 相

由目、木会意，表示一只眼睛正盯着一棵树看。≪周易≫说：" 地可观者，莫可观于木。"意思是地上最容易远眺观察的位置，莫过于在树上，本义就是观察、细看。

목(目)과 목(木)으로 회의되었다. 한쪽 눈으로 나무를 빤히 쳐다보는 것을 나타낸다. 『주역』에서 "땅 위에서 관찰하기 위해 가장 좋은 방법은 나무에서 관찰하는 것이다."라고 하였다. 이는 땅 위에서 쉽게 멀리 바라보며 관찰할 수 있는 위치는 나무 위라는 뜻으로, 본래 의미는 '관찰'과 '상세히 보다'이다.

 睡

由目、垂会意。"垂"有下垂的意思，一个人眼睛下垂，表示在打瞌睡，后来引申为睡觉。

목(目)과 수(垂)로 회의되었다. '수(垂)'는 축 늘어진다는 의미가 있다. 사람의 눈이 축 늘어진 것은 졸고 있다는 뜻이며, 후에 잠이라는 뜻으로 확장되었다.

 看

由目、手会意。"目"字上面是"手"字的变形。一只手搭在眼睛上，表示向远处看，本义是观望。

목(目)과 수(手)로 회의되었다. '목'의 상단에는 '수'의 변형된 글자가 있다. 한 손을 눈에 얹은 것은 먼 곳을 바라본다는 뜻으로, 본래 의미는 '관망하다'이다.

眉

古文字形是一只眼睛上长着弯弯的眉毛，象形字，本义就是眉毛。

옛 문자 자형은 한쪽 눈 위에 구부러진 눈썹이 있는 모양이다. 상형자이며, 본래 의미는 눈썹이다.

耳 이

耳, 主听也。
이(耳)는 듣는 것이다.

甲骨文 갑골문	金文 금문	小篆 소전	隶书 예서	楷书 해서

"耳"是象形字，甲骨文和金文像是一只耳朵的形状，本义即是耳朵，古今意义相同。小篆以后的字形逐渐线条化，耳朵里的耳廓形状简化成两条横线，耳朵形象随之消失。耳朵主管听觉，在古代是非常重要的器官。古代国家之间战争非常多，战场上的一举一动，需要全靠人来做出准确的判断，耳朵和眼睛便成了重要的工具，而视线不及之处，就全仰仗耳朵来判断战况，因此耳朵在古代战争中有着极其重要的作用。耳朵灵敏的人被认为是聪明的人，所以"聪"字左边就是一个"耳"，表示耳朵能迅速听到声音。"耳聪目明"用来表示一个人头脑清楚，反映灵敏，可以说耳朵就是智慧的象征。

　　汉字"聖"(圣)，甲骨文写作 ，由"口"、"耳"、"人"组成。在古人看来，圣人必定是耳朵敏锐，口齿伶俐的聪明人，但古人又认为，仅具备这一外在条件是不够资格称为"圣人"的，还必须加上一番智慧与道德的人为修养。≪说文解字≫说："圣，通也。""通"指通达事理，意思是说"圣人"需具备通达事理的智慧，这样的人也就具备了成为"王"的条件，故说"圣人为王"。中国历史各时代，各领域都有推崇的"圣人"。思想界的孔子被称为"至圣"；文学界的杜甫被称为"诗圣"；美术界的吴道子被称为"画圣"；医学界的张仲景被称为"医圣"等等。这些"圣人"被后世推崇、敬仰乃至学习、效仿，除了他们都在各自领域具备顶尖的业务能力外，更为重要的是他们把人心之共相，即"仁义"，也是我们今天常说的"道德"，不断加以自身修养并发扬光大，推广及外，影响众人。

　　耳朵跟聪明相关，在中国文化里认为耳大、耳厚代表福气，表示这是一个聪明睿智，清醒豁达的人。小孩子出生后，大人常常观察其耳朵，如果耳朵肥厚，便认为此人福泽深厚、前途无量。另外，还有一些食物名称也与耳朵相关，如我们经常食用的"木耳"、"银耳"等，这些食物因形似耳朵，故以"耳"为名。

　　"이"는 상형자이다. 갑골문과 금문은 귀의 형상을 닮았고 본래 의미는 귀이다. 예전과 지금의 의미는 모두 같다. 소전 이후의 자형은 점점 선형화가 되었다. 귀 안의 귓바퀴 형상이 가로선 두 줄로 간략화 되었고 귀의 형상은 이에 따라 소실되었다. 귀는 청각을 주관하며 고대에는 매우 중요한 기관이었다. 고대에는 국가 간의 전쟁이 매우 많았으며 전쟁의 일거수일투족은 전부 사람이 정확하게 판단해야 했다. 따라서 귀와 눈은 중요한 도구가 되었고, 시선이 미치지 못하는 곳에는 귀로 전쟁 상황을 판단하였기 때문에 귀는 고대 전쟁에서 매우 중요한 역할이었다. 귀가 예민한 사람은 총명한 사람으로 여겨지기 때문에 '총(聪)'자 왼쪽에 귀가 있는데 이는 귀가 빠르게 소리를 들을 수 있다는 뜻이다. '이총목명(耳聪目明)'은 사람의 머리가 맑고 반응이 빠르다는 뜻으로 귀가 곧 지혜의 상징이라고 볼 수 있다.

한자 '성(聖, 圣)'은 갑골문으로 ޠ라고 쓰는데 '구(口)', '이(耳)', '인(人)'으로 구성된다. 고대인이 보기에 성인(圣人)은 귀가 예민하고 말주변이 좋은 총명한 사람이지만, 이 외적인 조건만 갖추는 것은 '성인'이라고 불릴 자격이 없으며 지혜와 도적적인 인위적 수양이 더해져야 한다고 생각했다. 『설문해자』에서는 "성(圣)은 정통한 것이다"라고 하였다. '통'은 이치에 밝다는 것으로, '성인'은 이치에 밝은 지혜가 있어야 한다는 의미이다. 이런 사람은 '왕'이 될 수 있는 조건을 갖추고 있기 때문에 '성인이 왕이다'라고 하였다. 중국 역사의 각 시대, 각 분야마다 추앙받는 '성인'이 있다. 사상계의 공자는 '지성(至圣)'이라고 불리고 문학계의 두보는 '시성(诗圣)'이라고 불린다. 미술계의 오도자는 '화성(画圣)'이라고 불리고, 의학계의 장중경은 '의성(医圣)'이라고 불린다. 이 '성인'들은 후대에게 추앙과 공경을 받고, 나아가 후대인은 그들을 배우고 모방한다. 그들이 모두 각자의 분야에서 최고의 업무 능력을 갖추고 있다는 것 외에 더 중요한 것은 그들은 인심을 공유, 즉 '인의(仁义)'하는 것이며 이는 오늘날 우리가 흔히 말하는 '도덕'이라는 것으로 끊임없이 자신을 수양하며 발전시키고 이를 확대하여 대중들에게 영향을 끼친다는 것이다.

귀는 총명과 관련이 있으며, 중국 문화에서 귀가 크고 두꺼운 것은 복을 의미한다. 이는 총명하고 지혜로우며 깨어있고 활달한 사람임을 나타낸다. 아이가 태어난 후 어른들은 종종 귀를 관찰하는데 만약 귀가 두꺼우면 복이 많고 앞날이 창창하다고 생각한다. 또한 몇몇 음식 명칭은 귀와 관련이 있다. 예를 들어 '목이버섯'과 '흰목이버섯' 등이 있다. 이 음식은 모양이 귀와 비슷해서 '이'로 이름을 붙였다.

衍生字 파생자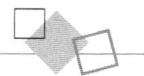

听(聽)

"耳"、"德"表义，"壬(ting)"表声，形声字。古文字左边一只耳朵，右边两张嘴巴，表示嘴巴在耳朵边说话，本义是用耳朵感受声音，即是听。

'이(耳)'와 '덕(德)'은 뜻을 나타내며 '임(壬)'은 소리를 나타낸다. 형성자이다. 옛 문자의 왼쪽에는 귀 한쪽이 있으며 오른쪽에는 입 두 개가 있다. 이는 입이 귀 주변에서 말을 하고 있는 것이다. 본래 의미는 귀로 소리를 느끼는 것으로 즉 듣는다는 의미이다.

聂(聶)

由三个耳会意。上下三只耳朵，表示说话的声音太小，需要三倍的耳力去听才能听清楚，本义是附在耳朵旁边小声说话。

세 개의 '이(耳)'로 회의되었다. 위 아래에 세 개의 귀가 있으며, 소리가 너무 작아서 세 배의 귀 힘으로 들어야 잘 들을 수 있다는 것을 의미한다. 본래 의미는 '귓가에서 작은 소리로 말하다'이다.

聒

"耳"表义，"舌"表声，形声字。舌头在耳边说话，发出嘈杂的声音，本义是吵闹、嘈杂。

이(耳)는 뜻을 나타내며 설(舌)은 소리를 나타낸다. 형성자이다. 혀를 귓가에 대고 말하며 시끄러운 소리를 내는 것이다. 본래 의미는 '시끄럽다', '소란하다'이다.

耷

由耳、大会意，本义就是大耳朵。大耳朵容易下垂，又引申为向下垂，组成汉语词"耷拉"。

이(耳)와 대(大)로 회의되었다. 본래 의미는 큰 귀라는 뜻이다. 큰 귀는 축 늘어지기 쉽기 때문에 아래로 축 늘어진다는 뜻으로 확장되었다. 조합하면 중국어로 '탑랍(耷拉)'이라는 단어가 있다.

3

动物 동물

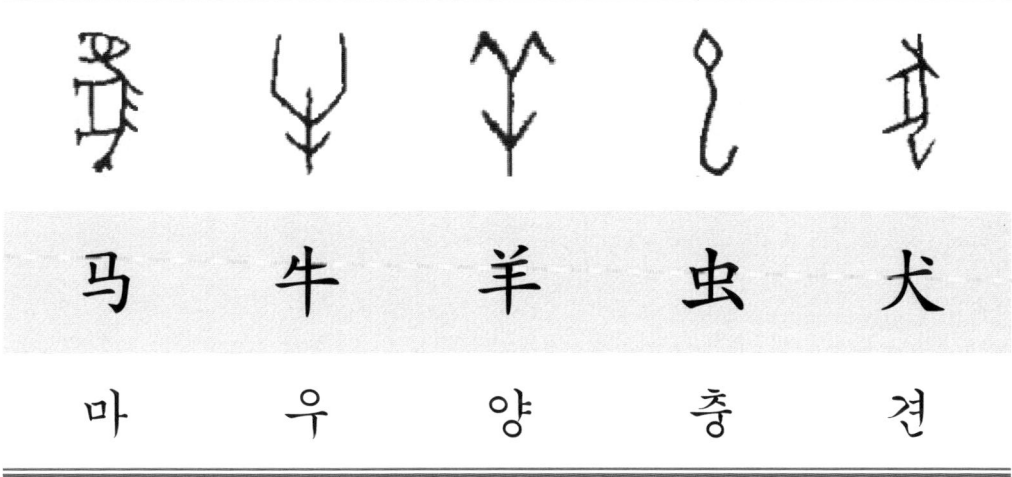

马 마

马, 怒也。武也。
마(马)는 머리를 들고 포효하며(怒) 용맹을 떨친다(武).

甲骨文갑골문	金文금문	小篆소전	隶书예서	楷书해서

"马"是象形字，甲骨文和金文像是一匹前肢高高抬起，侧面站立的马匹形象。马天生喜爱奔跑，无所畏惧，敢于勇往直前，因此也形成了易怒易躁的性格，甲骨文和金文描绘的正是一匹被激怒的马的形象。

《说文解字》说："马，怒也。武也。""武"是勇武的意思。在古代，马不仅是不可替代的交通工具，还是战场上极其重要的军事装备，马匹的精良程度往往是战略决胜的关键。中国汉朝自建国初年，政府就实行养马政策，大力发展养马事业，培育出的精良战马，与北方匈奴在战场上一决高下，帮助汉朝击溃了长期骚扰汉地边界的匈奴，彻底解决了汉朝的外患问题。可以说，马在古代战争中有着极其重要的战略作用。

中国古代，由马和车组成的战车数量还是衡量一个国家实力的标准。孔子说："道千乘之国，敬事而信，节用而爱人，使民以时。"这是孔子关于如何治理国家所发表的一段政论，按照当时的标准，若一个国家能拥有千乘战车就属于大国了，万乘就算是超级大国了。古代国家间的较量比的往往是军事实力，"千乘之国"、"万乘之国"是国家实力的代名词，因此在古代，马不仅是重要的生活物资，还是极其重要的战略资源。

自人类进入科技时代，汽车代替了马匹成为人类主要的交通工具，坦克炮弹代替了战车成为战争的主要工具，马终于卸下了它的重要职责，退出了历史舞台，但它在人类历史上所起过的重要作用没有被历史完全抹去。至今我们仍然用"马路"来指称交通道路，从"马"的汉字也大多与交通相关，如开车我们叫"驾驶"；用牲畜拉东西叫"驮"；奔跑叫"骋"；乘坐自行车、摩托车叫做"骑"等等。这些汉字所留下的历史痕迹印证了马在历史上所起过的重要作用。

'마'는 상형자이다. 갑골문과 금문은 앞다리를 높이 쳐들고 옆으로 서 있는 말의 형상이다. 말은 천성적으로 달리는 것을 좋아하고 두려움이 없으며 용감하게 앞으로 나아간다. 따라서 쉽게 화를 내고 성급해하는 성격도 형성되는데 갑골문과 금문은 격노한 말의 형상을 묘사하고 있다.

『설문해자』에서는 "마(马)는 머리를 들고 포효하며(怒) 용맹을 떨친다(武)"라고 하였다. '무(武)'는 용맹스럽다는 뜻이다. 고대에 말은 대체할 수 없는 교통수단일 뿐만 아니라 전장에서 매우 중요한 군사 장비였다. 말의 우수함은 종종 전략적 승리의 관건이었다. 중국의 한나라는 건국 초기부터 정부가 말 사육 정책을 펼쳐 말 사육 사업을 크게 발전시켰다. 키운 우수한 군마로 한나라는 북방의 흉노족과 겨루어 오랫동안 한나라의 국경선을 넘본 흉노족을 물리치고 한나라의 외환 문제를 해결했다. 말은 고대 전쟁에서 매우 중요한 전략적 역할을 했다고 할 수 있다.

중국 고대에 말과 차로 구성된 전차의 수는 한 국가의 실력을 가늠하는 기준이었다 공자가 말하기를 "천승지국(전차 천 대를 가진 나라)을 다스리려면 일을 신중하게 처리하여 신뢰를 주고, 비용을 절약하여 사람들을 사랑해주고, 백성들을 때에 맞추어 부려야 한다"라고 하였다. 이는 나라를 어떻게 다스릴 것인가에 대한 공자의 정론이다. 당시 기준대로라면 한 나라가 전차 천 대를 소유하면 대국이었고, 만 대를 소유하면 초강대국이었다. 고대 국가 간 힘겨루기는 군사력으로 했으며 '천승지국', '만승지국'은 국가력의 대명사였기 때문에 고대에 말은 중요한 생활 물자였을 뿐만 아니라 아주 중요한 전략 자원이었다.

인류가 과학기술의 시대로 들어서면서 말 대신 자동차가 인류의 주요 교통 수단이 되었고 전차 대신 탱크 폭탄이 전쟁의 주요 도구가 되면서 말은 마침내 그 중요한 직책을 내려놓고 역사 속으로 사라졌다. 하지만 말이 인류 역사상 중요한 역할을 한 것은 완전히 지워지지 않았다. 오늘날 우리는 '마로(马路)'라는 말로 교통로를 지칭한다. '마(马)'라는 한자는 대다수 교통과 관련이 있다. 예를 들어, 차를 모는 것을 '가사(驾驶)'이라고 하며, 가축으로 물건을 운반하는 것을 '타(驮)'라고 한다. 달리는 것을 '빙(骋)'이라고 하며, 자전거나 오토바이를 타는 것을 '기(骑)'라고 한다. 이 한자들이 남긴 역사적 흔적은 말늘이 역사적으로 중요한 역할을 했음을 확인시켜 준다.

衍生字 파생자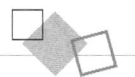

驭(馭)

由马、又会意。"又"表示手，两者结合，表示用手驾驭马匹，本义即是驾驭马车。古代战场，驾驭马车的常常是统帅者，因此又引申为统帅、控制的意思。

마(马)와 우(又)로 회의되었다. '우(又)'는 손을 나타내며 둘이 결합하여 손으로 말을 모는 것을 의미한다. 본래 의미는 마차를 모는 것이다. 고대 전쟁터에서 마차를 모는 것은 항상 통솔자였기 때문에 통솔과 통제의 뜻으로 확장되었다.

驾(駕)

"马"表义，"加"表声，形声字。本义是将马车的车轭套在马脖子上。马是古代常用的交通工具，又引申为驾驶交通工具的"驾"，如"驾飞机"、"驾火车"等。

'마(马)'는 뜻을 나타내며, '가(加)'는 소리를 나타낸다. 형성자이다. 본래 의미는 마차의 멍에를 말의 목에 씌우는 것이다. 말은 고대에 일반적으로 사용된 교통수단이며, 교통수단을 운전한다는 의미인 '가(驾)'로 확장되었다. 예를 들어, '비행기를 운전하다', 열차를 운전하다' 등이 있다.

驰(馳)

"马"表义，"也"表声，形声字。一匹马快速疾奔就是驰，本义即是急速奔跑。

'마(马)'는 뜻을 나타내며 '야(也)'는 소리를 나타낸다. 형성자이다. 말 한마리가 빨리 달리는 것이 치(驰)이다. 본래 의미는 '빠른 속도로 달리다'이다.

驮(馱)

"马"表义，"大"表声，形声字。"大"有强壮、壮实的意思，表示壮实的大马善于负载东西，本义即是用牲畜负载东西。

'마(马)'는 뜻을 나타내며 '대(大)'는 소리를 나타낸다. 형성자이다. '대(大)'는 강하고 튼튼하다는 뜻으로, 튼튼한 말이 물건을 잘 싣는다는 것을 의미한다. 본래 의미는 '가축에 물건을 싣다'이다.

牛 우

牛，大牲也。象角头三、封、尾之形。

우(牛)는 큰 가축(大牲)이다. 각두삼(角头三), 어깨뼈, 꼬리의 모양을 닮았다.

甲骨文갑골문	金文금문	小篆소전	隶书예서	楷书해서
ψ	ψ	半	牛	牛

"牛"是象形字，古文字形像牛角向上翘起的牛头正面形象，体现了汉字"书画同源"的特点。牛在古代除了供人们食用之外，还被用于农事生产，是一种极普遍的农耕工具。某些信奉印度教的国家，如印度、尼泊尔等把牛视为宗教神灵，不得生杀食用，而在祭祀文化发达的中国古代，牛除了可食用，可农耕外，还是重要的祭祀用家畜，选取祭祀用牛的时候，也有相当严格的规定。

≪说文解字≫说："牛，大牲也。"大牲，即大型牲畜，而"牲"在古代又是什么意思呢？≪说文解字≫说："牲，牛完全。""牲"在古代就是指祭祀用的完整牛。祭祀在古代被视为重大事件，家族祭祀关乎子孙后代，家门兴旺；国家祭祀关乎江山社稷，国运昌盛，因此古代人对祭祀极为重视与慎重，祭品的选择不仅严格，且加以精确细分。牛被认为是所有祭品中的上品(这大概是牛的勤劳带给人们富裕的生活，所以牛被认为是勤劳致富、兴旺发达的的象征)，但牛之间还有等级规格的划分。"牛"与"牲"虽然都是牛，但用于祭祀时两者的区别在于完整与不完整，不完整的牛叫"牛"，完整的牛叫"牲"。当然，用"牛"还是用"牲"，这要取决于祭祀规格的高低而定。在古人眼里，最高规格的祭品，不是"牛"也不是"牲"，而是一种毛色纯一的牛，古人把这种牛叫"牷"。古人为了体现仪式的严肃与庄重，每种规格的祭品都有专属名称，"牛"、"牲"、"牷"都是牛，但各自指代明确，等级划分清楚。

汉字"件"在现代汉语中常用作量词，如一件衣服、一件事情。"件"中有牛，"牛"和"件"有什么关系呢？≪说文解字≫说："牛，件也；件，事理也。"又解释说："件，分也，从人，从牛。牛大物，故可分。""件"就是表示分割之义，而牛是大型牲畜，可以分割，所以"件"中取牛。成语"庖丁解牛"说的是古时一位宰牛技术高超的屠夫如何分宰牛的故事，后来这个成语用来表示只要掌握了事物的客观规律，做事就能得心应手。"件"字正是由人与牛组成，人在分解牛时，需要掌握一定的规律，才能得心应手，所以"件"又引申为事理分析。任何事物都需分析，因此"物"字也从牛。

'우'는 상형자로 고문자자형은 소의 뿔이 위로 치켜진 정면 모양을 닮았다. 이는 한자 '서화동원(书画同源, 서법과 회화의 기원이 같다)'의 특징을 구현한다. 고대에 소는 사람이 먹을 수 있을 뿐만 아니라 농업 생산에서도 사용됐다. 이는 매우 보편적인 농업 도구였다. 인도, 네팔 등 일부 인도교를 신봉하는 국가에서는 소를 종교적인 신으로 여기기 때문에 생살해 먹을 수 없지만, 제사 문화가 발달한 고대 중국에서는 소를 식용 및 농경으로 사용할 뿐만 아니라 중요한 제사용 가축으로 사용했다. 제사용 소를 선택할 때도 상당히 엄격한 규정이 있었다.

『설문해자』에서는 "우(牛)는 큰 가축(大牲)이다"라고 하였다. 큰 가축(大牲)이란 대형 가축을 의미한다. 그런데 '생(牲)'은 고대에 어떤 뜻이었을까? 『설문해자』에서는 "생(牲)은 완전한 소이다"라고 하였다. 고대에 '생'은 제사에 쓰이는 완전한 소를 가리켰다. 고대에 제사는 중대한 사건으로 여겨졌다. 가족 제사는 후손 및 가문 번창과 관련되었으며, 국가 제사는 종사 및 국운 창성과 관련되었다. 따라서 고대인은 제사를 매우 중시하고 신중히 여겼으며, 제물에 대한 선택은 엄격할 뿐만 아니라 정밀하고 세분화되었다. 소는 모든 제물 중 상등품으로 여겨졌지만(소의 근면함이 사람에게 부유한 생활을 가져다 주었기 때문에 소는 근면하여 부자가 되는 것과 번창하는 것의 상징이었다), 소들 중에서도 등급 및 규격의 구분이 있었다. '우'와 '생'은 모두 소이지만 제사에 사용할 때 양자는 완전한 것과 불완전한 것으로 구분이 된다. 불완전한 소는 '우'이고, 완전한 소는 '생'이다. 물론 '우'를 쓰느냐 '생'을 쓰느냐에 따라 제사 격이 달라진다. 고대인의 눈에 최고 규격의 제물은 '우'도 '생'도 아닌 털빛이 단일한 소였는데, 고대인은 이런 소를 '전(牷)'이라고 불렀다. 고대인은 의식의 엄숙함과 장엄함을 나타내기 위해 모든 규격의 제품에 고유 명칭을 부여했다. '우', '생', '전' 모두 소이지만, 각각의 지칭이 명확하고 등급도 명확히 구분되어 있다.

한자 '건(件)'은 현대 중국어에서 양사로 사용된다. 예를 들어, 옷 한 벌(件), 사건 한 건(件)이 있다. '건(件)'에는 소가 있는데, '우'와 '건'은 무슨 관계가 있을까? 『설문해자』에서는 "우는 건이고, 건은 이치이다."라고 하였다. 또한 "건은 나눔을 뜻하며 사람과 소에 따른다. 소는 크니 나눌 수 있다"라고 하였다. '건'은 분할의 의미를 나타내며 소는 대형 가축이므로 분할할 수 있으니 '건'에서 소를 취한다는 것이다. 성어 '포정해우'는 옛날에 소를 잡는 기술이 뛰어난 백정이 소를 어떻게 발라냈는지에 대한 이야기로, 나중에 이 성어는 사물의 객관적인 규율을 터득하면 일이 마음먹은 대로 된다는 의미로 쓰였다. '건'은 인(人)과 우(牛)로 구성되어 있다. 사람이 소를 분해할때 어느 정도 규율을 익혀야 마음먹은 대로 할 수 있기 때문에 '건'은 사리 분석의 의미로 확장된다. 모든 사물은 분석이 필요하므로 '물(物)'자도 소에서 비롯된 것이다.

衍生字 파생자

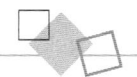

 牢

　　由牛、宀会意。一头牛被关在栏圈里就是"牢"。本义是关养牲畜的栏圈，由本义又引申出"监牢"、"牢固"之义。

　　우(牛)와 면(宀)으로 회의되었다. 소 한 마리가 우리에 갇힌 것이 뢰(牢)이다. 본래 의미는 가축을 사육하는 울타리이며, 본래 의미에서 '감옥', '견고'의 의미를 이끌어내었다.

 牲

　　"牛"表义，"生"表声，形声字。古代祭祀，牛、羊、猪都是献祭的牲口，古文字"牲"的形旁也常常写作"羊"。本义是供祭祀用的完整的牛，后来泛指各种家畜。

　　'우(牛)'는 뜻을 나타내며, '생(生)'은 소리를 나타낸다. 형성자이다. 고대에 소, 양, 돼지는 모두 제물로 바치는 가축이었다. 옛 문자 '생(牲)'의 뜻을 나타내는 부분도 종종 양이라고 쓴다. 본래 의미는 제사를 지내는 완전한 소라는 뜻인데, 나중에는 각종 가축을 두루 가리켰다.

 犁

　　"牛"表义，"利"表声，形声字。中国古代农业生产活动很早就开始用牛耕地，耕地也叫犁田，"犁"的本义即是耕田用的农具。

　　'우(牛)'는 뜻을 나타내며 '리(利)'는 소리를 나타낸다. 형성자이다. 중국 고대 농업 생산 활동은 일찍부터 소를 사용하여 토지를 갈았으며, 토지를 가는 것은 '논밭을 갈이하다(犁田, 리전)'라고도 하였다. '리'의 본래 의미는 토지를 갈 때 사용하는 농기구이다.

犟

　　"牛"表义，"强"表声，形声字。"强"有强硬、固执的意思。牛的脾气固执、倔强，不容易顺从，我们常用"牛脾气"来形容一个人的性格固执、倔强、不屈服，"犟"的本义即是固执、执拗。

　　'우(牛)'는 뜻을 나타내고 '강(强)'은 소리를 나타낸다. 형성자이다. '강'은 강하고 고집이 세다는 뜻이 있다. 소는 고집이 세고 완고하여 쉽게 순종하지 않는데, 우리는 흔히 '황소고집'이라는 말로 사람의 고집이 세고, 완고하고, 굴복하지 않는 성격을 형용한다. '강(犟)'의 본래 의미는 고집이 세고 집요하다는 것이다.

羊 양

羊，祥也。

양(羊)은 상서롭다(祥).

甲骨文갑골문	金文금문	小篆소전	隶书예서	楷书해서
			羊	羊

《说文解字》说:"孔子曰,牛、羊之字以形举也。"意思是"牛"和"羊"的字形是根据形体描绘出来的。"羊"和"牛"都是非常典型的象形字,古人造字时完全抓住了羊角向下弯、牛角向上翘的特征,即使不认识这两个字也可以通过字形而猜出意思来。

羊与牛、猪三者合称"三牲",是古代祭祀的三种主要牲畜。三者全备的祭祀叫做"太牢";只有羊、猪而没有牛的祭祀叫做"少牢"。"少牢"的祭祀规格低于"太牢",一般是卿、大夫享用,而"太牢"是天子、国君才能享用的祭祀规格。[1] "三牲"中牛最珍贵,一般只有贵族才消费得起,而羊、猪就成了普通大众的肉食。羊肉味美,古人喜食,汉字中都能找到根据。"美"、"鲜"、"羹"这些跟美味相关的字都从"羊"。

羊易于驯养,性情温顺,因此被古人看作祥瑞之兽,常常被赋予美好的寓意。《说文解字》说:"羊,祥也。" 古时候原本是没有"祥"字的,用"羊"表示"祥"之义,"羊"既表示牲畜之羊,也表示吉祥之义。在古代祭器的铭文中,常见把"吉祥"写作"吉羊",后来为了以示区别,才加上与祭祀祝福相关的"示"字("示"表示古时祭祀时用的供桌)而成"祥"字,这时"羊"字才独立出来,只表示牲畜之羊。由此可见,羊在古代不仅仅只是人们餐桌上美味的食物,也是人们用来表达对美好事物的祝福及对未来幸福的祈祷,"羊"因此成为中国文化中美好与善良的代名词。古人在造"美"、"善"二字时,用"羊"表意,正是说明了羊在中国古人心中美好的寓意。现在我们常把"美"、"善"二字连用,称"尽善尽美",意思是极其完善,极其美好,没有一点缺憾。

羊在古人心中的美好形象也反映在器物上。中国商周时期铸造了大量的礼器,在出土的礼器文物中,有很多用羊图案的装饰物,最著名的是湖南宁乡县出土的"四羊方尊"。"四羊方尊"是现存商代晚期青铜祭祀礼器中最大的一件,被誉为十大传世国宝之一。古人把心中美好的期许与祝福雕刻成羊的形象,寓意"吉祥如意"。

---

[1] 中国古代祭祀有一套极其完备与复杂的礼仪程序,从服饰、时间、方位、器具、食物等等方面都有严格的规定。这样一套礼仪制度的背后凸显的是社会等级的差异。中国人发明这一套称为"礼"的制度来规范人的行为,他们似乎认为在这样一套制度下,人人各得其所,各安其心,各行其事,这样社会才能合理地、有效地、长久地维持下去。关于祭祀礼仪的相关制度可以参见《仪礼》一书的后三篇〈特牲馈食礼〉、〈少牢馈食礼〉、〈有司彻〉。

『설문해자』에서는 "공자가 말하기를 소와 양의 글자는 모양으로 대표된다."라고 하였다. 이는 '우'와 '양'의 자형은 형체에 따라 그려졌다는 뜻이다. '양'과 '우'는 모두 아주 전형적인 상형자로, 고대인이 글자를 만들 때 양뿔이 아래로 굽고 소뿔이 위로 올라가는 특징을 포착해 두 글자를 몰라도 자형으로 뜻을 짐작할 수 있게 하였다.

양, 소, 돼지를 합쳐서 '삼생(三牲)'이라고 하며, 이는 고대 제사의 세 가지 주요 가축이다. 세 가지를 모두 갖춘 제사를 태뢰(太牢)라고 하고, 양과 돼지만 있고 소는 없는 제사를 '소뢰(少牢)'라고 한다. '소뢰'의 제사 규격은 '태뢰'보다 낮으며 일반적으로 경과 대부가 누렸다. '태뢰'는 천자와 국군만 누릴 수 있는 제사 규격이었다.[2] '삼축' 중 소가 가장 귀했으며, 일반적으로 귀족만이 소비할 수 있는 것이었다. 반면 양과 돼지는 일반 대중의 육식이 되었다. 양고기는 맛이 좋아 고대인이 즐겨 먹었는데 한자에서 그 근거를 찾을 수 있다. '미(美)', '선(鮮)', '갱(羹)'과 같은 맛과 관련된 글자는 모두 '양'에서 따온 것이다.

양은 길들이기 쉽고 성질이 온순하다. 따라서 옛 사람들에게 양은 상서로운 짐승으로 여겨졌으며 종종 아름다운 의미를 부여했다. 『설문해자』에서 "양(羊)은 상서롭다(祥)."라고 하였다. 고대에는 원래 '상'이라는 글자가 없었고, '양'으로 '상'의 의미를 표현했다. '양'은 가축의 양을 의미하기도 하고 상서롭다는 것을 의미하기도 한다. 고대 제기의 명문에서는 '길양(吉祥)'을 '길양(吉羊)'으로 썼다가 이를 구분하기 위해 제사의 축복과 관련된 '시(示)'('시'는 고대 제사 때 사용한 제사상을 나타낸다)를 붙여 '상'을 만들었다. 이때 '양'이 독립해 가축의 양만을 나타냈다. 이를 통해, 고대에서의 양은 사람들이 식탁에서 먹는 맛있는 음식일 뿐만 아니라 사람들이 아름다운 것에 대한 축복과 미래의 행복에 대한 기도를 표현하기 위해 사용되는 것이었음을 알 수 있다. 따라서 '양'은 중국 문화의 아름다움과 선함의 대명사가 되었다. 고대인이 '미

---

[2] 중국 고대 제사는 매우 완전하고 복잡한 의례 절차를 가지고 있으며, 복장, 시간, 위치, 기구, 음식 등 방면에서 엄격한 규정을 지니고 있다. 이런 예의 제도의 이면에는 사회 등급의 차이가 두드러진다. 중국인은 인간의 행동을 규제하기 위해 '예(礼)'라고 불리는 제도를 발명했는데, 그들은 이러한 제도 하에서 모든 사람이 각자의 위치를 얻고, 각자의 마음을 안정시키고, 각자의 일을 수행해야 사회가 합리적이고 효과적이며 오랫동안 유지될 수 있다고 생각했다. 제사의례에 관한 제도는 『仪礼(의례)』책 뒤 세 편의 〈특생궤식례(特牲馈食礼)〉, 〈소뢰궤식례(少牢馈食礼)〉, 〈유사철(有司彻)〉을 참조할 수 있다.

(美)'와 '선(善)'이라는 글자를 만들 때 '양'을 사용해 의미를 나타냈다. 이는 중국 고대인의 마음 중 양이 아름다운 의미를 내포하고 있다는 것을 설명한다. 현재 우리는 '미'와 '선'을 연결하여 '진선진미(尽善尽美)'라고 한다. 이는 아주 완벽하고 훌륭해 한 점의 부족함도 없다는 것을 의미한다.

고대인의 마음속 양의 아름다운 형상은 기물에 반영되었다. 중국 상주시대 때 많은 예기를 주조했는데, 출토된 예기 유물 중에는 양 문양을 사용한 장식물이 많았다. 가장 유명한 것은 후난성 닝샹현에서 출토된 '사양방존(四羊方尊)'이다. '사양방존'은 현존하는 상나라 말기 청동 제사 예기 중 가장 큰 것으로 10대 국보 중 하나로 꼽힌다. 고대인은 마음속의 아름다운 기대와 축복을 양의 형상으로 조각해 '길상여의(吉祥如意)'라는 뜻을 담았다.

衍生字 파생자

 羔

　　由羊、火会意，"灬"表示火，意思是用火烤羊。小羊肉鲜美，所以食用烤羊常取小羊肉，本义即是小羊。

　　양(羊)과 화(火)로 회의되었다. '화(灬)'는 불을 나타내며 불로 양을 굽는다는 것을 의미한다. 어린 양고기는 맛이 좋기 때문에 구운 양을 먹을 때 종종 어린 양고기를 사용한다. 본래 의미는 어린 양이다.

 美

　　由羊、大会意，表示大羊。肥壮的大羊味美，本义即是味道甘美。但观"美"的古文字形，像一个人头上带着羊角之类的装饰物，打扮精美，古人或以此为美。由此推测，"美"的初始义是美丽，而"味道甘美"应该是后来的引申义。

　　양(羊)과 대(大)로 회의되었다. 큰 양을 표현한다. 통통한 양은 맛이 좋다. 본래 의미는 맛이 달콤하다는 것이다. 그러나 '미(美)'의 옛 글자를 보면 마치 한 사람의 머리에 뿔 같은 장식물을 달고 아름답게 꾸민 모습과 닮다. 고대인은 이를 아름다움으로 여겼다. 이로 미루어 보았을 때 '미(美)'의 초기 의미는 아름다움이고 '맛이 감미롭다(味道甘美)'는 것은 훗날 확장된 의미이다.

 羌

　　由羊、人会意。"羌"是中国古代西部一个古老的民族，现在主要分布在中国四川省境内。古文字形像是一个人头上戴着羊角装饰物，这正是羌族的特征。羌族人主要以牧羊为俗，所以常以羊角为装饰打扮。

　　양(羊)과 인(人)으로 회의되었다. '강(羌)'은 중국 고대 서부의 오래된 민족으로 현재 주로 중국 쓰촨성에 분포되어 있다. 옛 글자 자형은 한 사람이 머리에 양뿔 장식물을 쓴 것처럼 생겼는데, 이것이 바로 강족의 특징이다. 강족 사람들은 주고 목양을 했기 때문에 종종 양뿔로 장식하고 치장했다.

 群

"羊"表义，"君"表声，形声字。羊是一种喜好群居的动物，故以"羊"表义，本义即是羊群，又引申为群体。

'양(羊)'은 뜻을 나타내고 '군(君)'은 소리를 나타낸다. 형성자이다. 양은 무리를 선호하는 동물이기 때문에 '양'으로 뜻을 표현한다. 본래 의미는 양떼이며 무리라는 의미로 확장된다.

商代四羊青铜方尊
상나라의 사양청동방존

虫(蟲) 충

虫，一名蝮，博三寸，首大如擘指。

충(虫)은 일명 복(蝮)이라고 하는데 굵기가 3촌이고 머리 크기는 엄지손가락 만하다.

甲骨文갑골문	金文금문	小篆소전	隶书예서	楷书해서

"虫"字甲骨文形似一条虫的形状，上部是虫头，下部是虫身虫尾，典型的象形字。"虫"是后起字，古时的"虫"用另一个字来表示，写作"虺"，读huǐ。"虺"是什么呢？据古书记载，虺是一种剧毒之蛇，甲骨文"虫"字正是一条盘曲蛇的形状。

　　《说文解字》具体地描述了这种"虫"的形态："虫，一名蝮，博三寸，首大如擘指。" 蝮虺即是一种毒蛇，古代所说的"虫"专指的就是蛇，后来"虫"的词义有所扩大，泛指所有的昆虫。《说文解字》说："物之微细，或行，或毛，或蠃，或介，或鳞，以虫为象。"意思是行走的、身体长着毛的、皮肤裸露的、长着甲壳的、长着鳞的等微小的活物都可以算作虫的种类，造字时形旁都用"虫"。虫字旁的字几乎都属于昆虫类，如：蛛、蚯、蚂、蚁、蝶、蝉、蝗、螂等等。古时常以三表示多的意思，小篆用三个虫(蟲)来表示各种类型的虫子，写作𧑙。汉字简化后才去掉了两个虫，只写一个虫来泛指各种昆虫。现在所写的"虫"字是简化后的汉字，而非最初虫(虺)的本义。

　　"虫"最初的本义指蛇，"蛇"由虫与它构成。汉字"它"今天用作第三人称代词，专指物而言，但其实在古代"它"与"虫"同义，本义也指蛇，甲骨文写作𧓇，形似一条弯曲爬行的蛇，和虫的古文字非常相似。《说文解字》说："它，虫也。从虫而长，象冤曲垂尾形。"为什么古人要把虫叫做"它"呢？这和古人的生活环境相关。古人居于草野，毒蛇常出没，人们都非常害怕，因为恐惧，古人不直接说蛇而用"它"来代指，见面相互问候时都问"没有遇上它吧"，由此"它"字代指第三人称的功能就慢慢产生了。

　　'충'의 갑골문자형은 벌레 한 마리의 선 모양이다. 상단은 벌레 머리, 하단은 벌레의 몸과 꼬리이다. 전형적인 상형자이다. '충'은 나중에 생긴 글자이다. 고대의 '충'은 다른 글자로 표시했는데 '훼(虺)'라고 쓰며 중국어로는 huǐ라고 읽는다. '훼'는 무엇일까? 고서에 따르면 훼는 독사의 일종으로 갑골문 '충'이 구불구불한 뱀 모양을 하고 있다.

　　『설문해자』에서는 "충(虫)은 일명 복(蝮)이라고 하는데 굵기가 3촌이고 머리 크기는 엄지손가락 만하다."라며 '충'의 형태를 구체적으로 묘사하고 있다. 복훼는 독사의 일종이다. 고대에는 '충'이 뱀을 나타냈는데 훗날 '충'의 의미가 확대되어 모든

3. 动物동물 _85

곤충을 지칭하게 되었다. 『설문해자』에서는 "작은 살아있는 동물의 차이는 걷는 것, 털이 난 것, 피부를 드러내는 것, 갑각이 있는 것, 비늘이 있는 것으로 발현되는데, 모두 곤충의 특성을 기반으로 한다."라고 하였다. 이는 걷는 것, 몸에 털이 나 있는 것, 피부가 드러나는 것, 갑각이 있는 것, 비늘이 있는 것 등 작은 살아있는 동물은 곤충의 종류라고 볼 수 있다는 뜻으로 글자를 만들 때 '충'을 사용하여 뜻을 나타냈다. '虫'자변의 글자는 거의 모든 곤충류에 속한다. 예를 들어, 주(蛛), 구(蚯), 마(蚂), 의(蚁), 접(蝶), 선(蝉), 황(蝗). 랑(螂) 등이 있다. 고대에는 3으로 많음을 표현했다. 소전에서는 3개의 충(虫), 즉 충(蟲)을 사용하여 각종 벌레를 표혔했는데 라고 썼다. 한자가 간소화된 뒤에야 두 개의 충(虫)을 없애고 한 개의 충으로 각종 곤충을 가리킨다. 현재 사용하는 '충(虫)'는 간략화된 한자이며, 가장 처음의 충(훼)의 본래 의미가 아니다.

'충(虫)'의 가장 초기의 본래 의미는 뱀이었고, '사(蛇)'는 충(虫)과 타(它)로 구성된다. 한자 '타(它)'는 현재 3인칭 대명사로 쓰이며 물건을 가리킨다. 하지만 고대의 '타'는 '충(虫)'과 같은 의미로 본래 의미가 뱀이었다. 갑골문은 이다. 구부러진 상태로 기어가는 뱀 모양을 닮았으며, '충'의 고문자와 매우 닮았다. 『설문해자』에서는 "타(它)는 충(虫)이다. 충의 꼬리를 길게 잡아당겨 타를 만들었고, 몸을 구부려 꼬리를 늘어뜨린 모양과 닮았다."라고 하였다. 왜 고대인은 벌레를 '타'라고 불렀을까? 이는 고대인의 생활 환경과 관련이 있다. 고대인은 초야에 살았고 독사가 자주 출몰하여 사람들은 모두 매우 두려워했다. 두려움 때문에 고대인은 뱀을 직접 말하지 않고 '타'라고 가리켰다. 서로 만나서 인사할 때 "그것을 만나지 않았지요?"라고 물었기 때문에 '타'가 3인칭을 가리키는 기능이 점차 생겨났다.

衍生字 파생자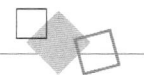

 蚀(蝕)

由虫、食会意，"食"又兼表音，会意兼形声字，意思是虫啃食东西，本义即是虫等蛀伤物。被虫蛀伤的东西必定有所损伤，因此又引申为损失、亏耗之义。

충(虫)과 식(食)으로 회의되었고 '식'은 음을 나타낸다. 회의자이자 형성자이다. 이는 벌레가 음식을 갉아먹는 것을 의미하며 본래 의미는 벌레 등 좀먹는 것이다. 벌레가 좀먹으면 반드시 손상을 입기 때문에 손실과 소모의 의미로 확장되었다.

 蛹

"虫"表义，"甬"表声，形声字。"甬"指两边有墙的通道。"蛹"本义是虫蛹，指昆虫从幼虫变为成虫的一种形态，幼虫变为成虫就会通过壳这个通道出来。

'충(虫)'은 뜻을 나타내고 '용(甬)'은 소리를 나타낸다. 형성자이다. '용'은 양쪽에 벽이 있는 통로를 가리킨다. '용(蛹)'은 번데기를 의미하며, 이는 곤충이 유충에서 성충으로 변하는 형태이다. 유충이 성충으로 변할 때 껍데기라는 통로를 통해 나온다.

蛾

"虫"表义，"我"表声，形声字。本义是一种形似蝴蝶的昆虫。

'충(虫)'은 뜻을 나타내고 '아(我)'는 소리를 나타낸다. 형성자이다. 본래 의미는 나비를 닮은 곤충이다.

蛀

"虫"字表义，"丶"表声，形声字。本义是一种能够啃食木材、书籍、粮食等的小虫，也叫"蛀虫"，后来又用作动词，表示被小虫啃坏。

'충(虫)'은 뜻을 나타내고 '주(主)'는 소리를 나타낸다. 형성자이나. 본래 의미는 목재, 책, 식량 등을 갉아먹을 수 있는 작은 벌레의 일종으로 '좀'이라고도 한다. 훗날 동사로 사용되어 작은 벌레의 의해 갉아 먹힘을 나타내었다.

犬 견

犬, 狗之有县蹄者也。

견(犬)은 발굽을 내딛고 뛰어오르는 자(县蹄者)이다.

甲骨文갑골문	金文금문	小篆소전	隶书예서	楷书해서
			犬	犬

"犬"是一个典型的象形文字，甲骨文与金文都形似一条站立的犬，并突出了犬的卷尾特征。小篆以后，文字形象失去了犬的特点。"猪"的甲骨文写作 ，和"犬"字形似而细节不同。"犬"字腹部瘦，尾巴上卷；"猪"字腹部圆肥，尾巴下垂。说明古人造字十分善于抓住事物的细节特征而以分别。

"犬"字在今天还被广泛使用，如警犬、军犬等。但在口语中，"犬"字几乎不单独使用，常用"狗"代替，比如可以说"狗是人类的好朋友"，而不说"犬是人类的好朋友"。

"犬"与"狗"被认为是同义词，两者都指"狗"这种动物，但其实两者有别。从造字时间来讲，"犬"字比"狗"字产生的年代要久远得多，商代甲骨文与金文已可见"犬"字，"狗"是后来造出的形声字。"狗"字产生以前通称"犬"，"狗"的原始称谓即是"犬"，待"狗"字造出来后，"犬"与"狗"便分开所指，两者的区别在于体形的大小。《说文解字》说："犬，狗之有县蹄者也。""蹄"指的是狗的脚蹄，"县蹄"就是悬空不落地的脚蹄。"县蹄"常见于成年的大狗，这里专指"犬"而言。依《说文》的解释，"狗"和"犬"的区别是：体型小的叫"狗"，体型大的叫"犬"，两者通称为"犬"。

此外，"犬"与"狗"的古今含义也有别，主要体现在感情色彩上。狗作为人类最早驯化的家畜之一，忠厚老实是其性格特点。在尚礼的古代"犬"常被用作自谦之辞，如"犬子"是谦称自己的儿子；"犬妇"是谦称自己的妻子，而"狗"却不能用作谦称，不能说"狗子"、"狗妇"。相反"狗"常用于贬义色彩，含有低贱、野蛮、可耻等含义。生活过得糟糕透顶的时候，我们可说"活得猪狗不如"，辱骂别人时也常用"走狗"、"狗腿子"等用语。成语"狗仗人势"中的"狗"便是比喻坏人，意思是坏人倚仗某种势力欺压人。这些词中的"狗"都不能替换为"犬"。

"犬"作为汉字部首，有两种字形，一种是"犬"字本身，另一种是其变体，写作"犭"，俗称"反犬旁"。组合成字时通常写在汉字的左侧，如狼、猴。

'견'은 전형적인 상형분자로 갑골문과 금문 모두 서 있는 개와 닮았다. 또한 개의 꼬리가 말려 있는 특징을 강조했다. 소전 이후 문자 형상에서 개의 특징이 사라졌다. '저(猪)'의 갑골문은 인데, '견'과 자형이 비슷하지만 세부적인 것이 다르다. '견'은 복부가 가늘고 꼬리가 말아져 있다. 반면 '저'는 복부가 둥글고 통통하며 꼬리가 아래로 늘어져 있다. 이는 고대인이 문자를 만들 때 사물의 세부적인 특징을 파악하여 구분하는 데 매우 능숙했다는 것을 보여준다.

'견'은 오늘날 경찰견, 군견 등으로 널리 쓰인다. 그러나 구어에서는 '견'이 거의 단독으로 사용되지 않고 '구(狗)'로 대체되어 사용된다. 예를 들어, '구는 인류의 좋은 친구이다'라고는 하지마나 '견은 인류의 좋은 친구이다'라고 하지 않는다.

'견'과 '구'는 동의어로 간주되며, 둘 다 '개'라는 동물을 의미하지만 실제로 둘은 차이가 있다. 글자를 만든 시간을 살펴보면, '견'자는 '구'자보다 훨씬 오래 전에 만들어졌다. 상나라의 갑골문과 금문에서는 '견'자를 볼 수 있었지만 '구'는 훗날 만들어진 형성자이다. '구'가 만들어지기 전에는 '견'으로 통칭되었다. '구'의 원래 명칭은 '견'이었다가 '구'가 만들어진 후 '견'과 '개'는 분리되었다. 둘의 차이는 체형의 크기에 있다. 『설문해자』에서는 "견(犬)은 발굽을 내딛고 뛰어오르는 자(县蹄者)이다."라고 하였다. '제(蹄)'는 개의 발굽을 뜻하며, '현제(县蹄)'는 허공에 떠서 착지하지 않은 발굽을 뜻한다. '현제'는 성년의 큰 개에서 볼 수 있으며 여기서는 특히 '견'을 지칭한다. 『설문』에 따르면, '구'와 '견'의 차이점은 바로 체형이 작은 것은 '구'이고 체형이 큰 것은 '견'이다. 둘은 통틀어 '견'이라고 한다.

또한 '견'과 '구'의 예전과 지금의 의미도 다르다. 이는 감정적인 색채에서 발현된다. 개는 인류가 최초로 길들인 가축 중 하나이며 충직하고 성실한 것이 그의 특징이다. 상례의 고대 때 '견'은 겸손함을 나타내는 글자였다. 예를 들어 '견자(犬子)'는 자신의 아들을 겸칭하는 것이고, '견부(犬妇)'는 자신의 부인을 겸칭하는 것이다. 하지만 '구'는 겸칭의 의미로 사용할 수 없다. '구자(狗子)' 혹은 '구부(狗妇)'라고 말하지 않는다. 반면 '구'는 폄의의 색채를 가지며 천박하고 야만적이며 수치스러운 의미를 지닌다. 삶이 최악일 때 우리는 "돼지, 개만큼도 못 산다"라고 말하고, 남을 욕할 때도 "앞잡이(走狗)", "졸개(狗腿子)" 등의 용어를 사용한다. 성어 '구장인세'의 '구'는 나쁜 사람을 비유한 말로 나쁜 사람이 어떤 세력을 등에 업고 사람을 억압한다는 뜻이다. 이러한 단어에서 '구'는 '견'으로 대체될 수 없다.

'견'은 한자 부수로 사용되며 이때 두 가지 자형이 있다. 하나는 '견(犬)'자 자체이고, 하나는 변형된 것으로 '견(犭)'이다. 이는 '반견방(反犬旁)'이라고 불린다. 이는 글자를 조합할 때 랑(狼), 후(猴)와 같이 한자의 왼쪽에 쓰인다.

衍生字 파생자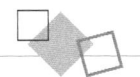

	臭

　　由犬、自会意。"自"表示鼻子，犬的鼻子最为灵敏，本义即是用鼻子闻气味。

　　견(犬)과 자(自)로 회의되었다. '자(自)'는 코를 뜻한다. 개의 코는 가장 예민하며, 본래 의미는 코로 냄새를 맡는다는 뜻이다.

	猛

　　"犭"表义，"孟"表声，形声字，本义是健壮的狗。健壮的狗力量大，又引申为勇猛、凶猛。

　　'견(犭)'은 뜻을 나타내며, '맹(孟)'은 소리를 나타낸다. 형성자이며 본래 의미는 건장한 개이다. 건장한 개는 힘이 세다. 따라서 용맹 및 흉맹으로 의미가 확장된다.

	独(獨)

　　"犭"表义，"蜀"表声，形声字，本义是单独、单一。犬生性好斗，好斗者不合群，喜欢独处，所以从犬。

　　'견(犭)'은 뜻을 나타내며 '촉(蜀)'은 소리를 나타낸다. 형성자이며 본래 의미는 단독 및 단일이다. 개는 천성적으로 싸움을 좋아하고 싸움을 좋아하는 개는 무리에 맞지 않으며 혼자 있는 것을 좋아한다. 따라서 '견'으로 비롯되었다.

	狱(獄)

　　由犬、言会意。左右两只犬，中间的"言"是辛的讹变。"辛"表示罪人，意思是两只犬守住罪人，本义即是监狱。

　　견(犬)과 언(言)으로 회의되었다. 좌우에 두 개의 견이 있으며, 중앙의 '언(言)'은 신(辛)이 잘못 변한 것이다. '신'은 죄인을 뜻하는 글자로 개 두 마리가 죄인을 지킨다는 뜻이다. 본래 의미는 감옥이다.

4
植物 식물

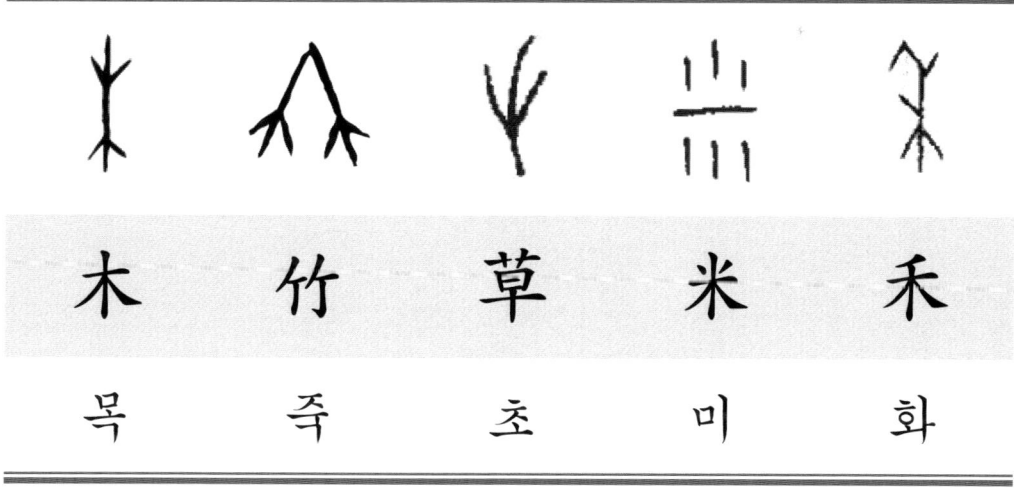

木 목

木, 冒也。冒地而生, 东方之行。

목(木)은 머리를 밀고 나오는 것이다. 땅 위로 솟아올라와
살아가며(冒地而生), 목은 동쪽에 속한다(东方之行).

甲骨文갑골문	金文금문	小篆소전	隶书예서	楷书해서
ᛉ	木	木	木	木

4. 植物식물

"木"的甲骨文字形像一棵树的形象，中间是干，上部是枝，下部是根茎。"木"字形从古至今变化不大，现在所写的"木"字，树木的样子仍然可见。≪说文解字≫称木"冒地而生"，意思是树木从土地里向上生长出来。若把"木"字上面的那一横看作是地平线，中间的一竖是树干，左右的一撇一捺是土地下的根茎，"木"字便可解读为：树干部分努力向上生长，终于越过地平线，冒出了枝芽。"木"是典型的象形字，字形即使经过几千年的变迁，根本的特征还是未变。

　　"木"跟中国传统思想有紧密的关系，"木"是五行思想(五行指金、木、水、火、土)中的一行。≪说文解字≫称木是"东方之行"，这是指五行思想中所属的方位。金木水火土相对应东南西北中五个方位，木属于东方。太阳从东方升起，东方有阳气，阳气跃动，生长开始，而"木"的本义即是冒地而起的树木，因此"木"属于东方，代表向生。

　　大自然中各种树木名称，都带有"木"字表意，如松、柏、杨、柳、枫、柿、桂、桐、桦等。由"木"所构成的会意字也十分容易理解，如一个"木"是一棵树，两个"木"就变成了树林，三个"木"代表有很多树，就变成森林。由树木的本义又可延申出多种与之特征相关的含义。小树长成大树，可用作木材，因此"木"又可指木材，木制品的器物名称都与"木"相关，如桌、椅、床、杯、杵、桩、栏等。树木代表自然，自然之本色即是质朴，因此"木"又可指质朴，朴实。≪论语·子路≫篇说："刚、毅、木、讷，近仁。"其中"木"即是质朴的意思。中国传统思想，理想的人格是教人做一"仁人志士"，其品格即是以上所说的"刚、毅、木、讷，"。"木"的含义被人格化后，成为传统思想中理想人格的代表。另一方面，"木"又可引申指木讷之义。"木讷"在现代汉语中有些贬义的色彩，如说"这个人很木讷"，这里的"木讷"指呆板、迟钝、无趣。从自然之木到人性之木，这实际上是中国人常用的一种以物喻人、托物言志的表现手法。比如借梅花表现坚贞不屈，借菊花表现悠然淡薄，借莲花表现纯洁清净。自然之物在中国人的精神世界里常与人格合为一体，成为中国人心灵世界在自然界中的投影。

　　'목'의 갑골문자형은 나무의 형상과 닮았다. 중앙이 줄기, 상단이 가지, 하단이 근경이다. '목'의 자형은 예나 지금이나 크게 변하지 않았다. 지금 쓰는 '목'자에서도 나무의 모습을 볼 수 있다. 『설문해자』에서는 "모지이생(冒地而生)"이라고 하는데 이는 나무가 토지 안에서 위로 자라난다는 것을 의미한다. 만약 '목'자 상단의 가로줄을 지평선이라고 한다면 가운데 세로줄은 줄기이고 양쪽의 왼 삐침과 오른 삐침은 토지 아래의 근경이다. '목'은 줄기 부분이 위로 자라려고 노력한 끝에 지평선을 넘어 싹이 돋아난 것으로 해석할 수 있다. '목'은 전형적인 상형자로 자형은 수천 년의 변천을 거쳤지만 근본적인 특징은 변하지 않았다.

'목'은 중국 전통 사상과 밀접한 관계가 있다. '목'은 오행사상(오행은 금, 목, 수, 화, 토를 가리킨다) 중 하나이다. 『설문해자』에서는 목을 '동방지행(东方之行)'이라고 하였는데 이는 오행사상에 속하는 방위를 말한다. 금목수화토는 동남서북중 5개 방위에 속하는데 목은 동쪽에 속한다. 해는 동쪽에서 뜨고 동쪽에는 양기가 있다. 양기가 약동하면 성장이 시작된다. '목'의 본래 의미는 땅 위로 솟아오르는 나무이며, 따라서 '목'은 동쪽에 속하고 지향을 대표한다.

대자연 중 각종 나무의 이름은 '목'이 포함된다. 예를 들어, 송(松), 백(柏), 양(杨), 류(柳), 풍(枫), 시(柿), 계(桂), 동(桐), 화(桦) 등이 있다. '목'으로 구성된 회의자는 이해하기 쉽다. 예를 들어, 한 개의 '목'은 나무 한 그루이며 두 개의 '목'은 숲이다. 세 개의 '목은' 나무가 많은 것을 의미해 산림이라는 뜻으로 바뀐다. 또한 나무의 본래 의미에서 나무의 특징과 관련된 각종 의미가 확장된다. 작은 나무가 큰 나무가 되면 목재로 사용할 수 있으므로 '목'은 목재를 의미하기도 한다. 목제품의 기물 명칭은 모두 '목'과 관련이 있다. 예를 들어, 탁(桌), 의(椅), 상(床), 배(杯), 저(杵), 장(桩), 란(栏) 등이 있다. 나무는 자연을 대표하며, 자연의 본질은 소박함이다. 따라서 '목'은 소박함 및 검소함을 가리키기도 한다. 『논어·자로』에서는 "강인하고(刚) 의연하고(毅) 소박하고(木) 신중하게 말하는 것(讷)이 인(仁)에 가까운 것이다."라고 하였다. 그 중 '목'은 소박하다는 뜻이다. 중국 전통 사상에서 이상적인 인격은 사람이 '인인지사(仁人志士)'하도록 가르치는 것이다. 그 품격은 위에서 언급한 "강인하고(刚) 의연하고(毅) 소박하고(木) 신중하게 말하는 것(讷)"이다. '목'의 의미가 인격화되면서 전통 사상에서 이상적인 인격을 대표하게 되었다. 한편 '목'은 소박하고 말주변이 없다는 의미로 확장될 수 있다. '소박하고 말주변이 없다'는 현대 중국어에서 다소 폄하하는 색채가 있다. 예를 들어, "이 사람 정말 소박하고 말주변이 없다"에서 "소박하고 말주변이 없다"는 딱딱하고 둔하며 재미없다는 것을 의미한다. 자연의 나무에서 인성의 나무까지, 이는 실제로 중국인이 자주 사용하는 사물 비유와 탁물언지의 표현 방법이다. 예를 들어 매화로는 순결하고 굴하지 않는 모습을, 국화로는 유유하고 담담한 모습을, 연꽃으로는 순수하고 깨끗한 모습을 표현한다. 중국인의 정신 세계에서 자연물은 종종 인격과 하나가 되고, 중국인 정신 세계의 자연계에서의 투영이 된다.

衍生字 파생자

 林

　　由两个"木"会意。一个木表示一棵树，两个木表示很多树，本义即是树林。

　　두 개의 '목(木)'으로 회의되었다. 한 개의 목은 나무 한 그루를 나타내고, 두 개의 목은 많은 나무를 나타낸다. 본래 의미는 숲이다.

 果

　　古文像一棵树上结了许多的果实，象形字，本义即是树木的果实。小篆以后，果实形状消失，变成了田。

　　옛 문자는 한 그루의 나무에 많은 열매가 달려 있는 모양과 닮았으며 상형자이다. 본래 의미는 나무 위의 열매이다. 소전 이후 열매의 모양이 사라지고 전(田)으로 변하였다.

 本

　　木下画一横，表示树木的根部，指事字，本义是树根，引申为事物的根本、基础、主体。

　　나무 아래에 가로줄을 그어 나무의 뿌리를 나타냈다. 지사자이다. 본래 의미는 나무의 뿌리이며, 사물의 근본, 기초, 주체의 의미로 확장되었다.

末

　　木上画一横，表示树木的末梢，指事字，本义是树梢，引申为末尾、最后、终了。

　　나무 위에 가로줄을 그어 나무의 말초를 나타냈다. 지사자이다. 본래 의미는 나무 꼭대기이며, 말미, 최후, 종료의 의미로 확장되었다.

竹 죽

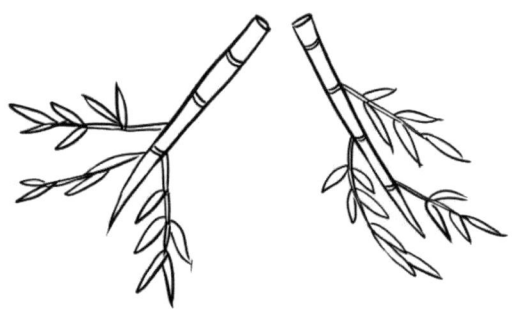

竹, 冬生草也。

죽(竹)은 겨울에도 사는 풀이다.

甲骨文갑골문	金文금문	小篆소전	隶书예서	楷书해서

"竹"是象形字，甲骨文字形像是两株竹子的模样，中间为竹茎，左右两侧是下垂的竹叶。金文字形有所改变，两株竹子整齐竖立，中间下划两横突出了土地，表示竹子整齐、茂盛地从土地里长出来。小篆字形线条化，竹叶拉长，突出了叶子的形状。≪说文解字≫称："竹，冬生草也。"意思是竹子是经过冬天也不死的草，这是从竹子的自然特征上来讲。

　　由竹子的自然特征又延申出文化特征。一年四季，惟冬季最为寒冷难熬，竹子能挺过极端恶劣的冰雪天气而不死，象征着坚韧不拔的品质。竹、松、梅这三种植物都是经过寒冷的冬季枝叶不凋，逆势而生，不畏严寒的品格被认为有骨有气，受人称颂，三者被合称为"岁寒三友"。后人用此来映照理想的人格，拥有此理想人格之人，古人称其为"君子"。竹子又与梅、兰、菊三者合称"花中四君子"。梅兰竹菊本是自然界植物，古人把对人性美的追求放之于自然，使得人性之美具有了一种至高至上的人格力量与道德精神。从古至今，无论是诗人还是画家，梅兰竹菊都成为其笔下的绝佳题材，常咏常诵。喜欢吟诗作画的中国古人常在大自然中去寻找自己的心灵寄托，人格映照。可以这么说，在重视人格修养的古代社会，自然之物的文化象征意义比其实用功能更为受到关注。

　　竹子在古代社会曾发挥过极其重要的作用。在纸发明以前，竹子在一段相当长的时间里作为古人书写的材料，我们称之为"竹简"。近几十年，地下出土了一大批古代竹简，成为现代人了解古代社会极其重要的史料，竹简发挥了文化传承的重大作用。

　　"竹"用作部首，写作"⺮"，从竹的字多与竹质材料有关，如筷、筐。另外，竹子也是古代制作乐器的重要材料，如笛、箫等传统乐器都从竹。

　　'죽'은 상형자이며 갑골문자형은 두 그루의 대나무 모양이다. 가운데는 대나무 줄기를, 좌우 양측에는 축 늘어진 대나무 잎을 형상화했다. 금문 자형은 다소 변화가 있다. 두 그루의 대나무기 가지런히 서있고, 중간에 가로줄을 두 개 그어 땅을 두드러지게 했다. 이는 대나무가 가지런하고 무성하게 땅에서 자라났음을 나타낸다. 소전 자형은 선형화되었다. 대나무 잎을 길게 늘어뜨려 잎의 모양을 부각시켰다. 『설문해자』에서는 "죽(竹)은 겨울에도 사는 풀이다."라고 하였다. 이는 대나무는 겨울이 지나도 죽지 않는 풀이라는 뜻으로 대나무의 자연적 특징에서 따온 말이다.

또한 대나무의 자연적 특징에서 문화적 특징이 파생되었다. 일 년 사계절 중 겨울은 가장 춥고 견디기 힘들다. 대나무는 극도로 혹독한 눈의 날씨를 견디고 죽지 않는다. 이는 강인한 품질을 상징한다. 대나무, 소나무, 매화나무, 이 세 가지 식물은 모두 추운 겨울을 지나도 가지와 잎이 시들지 않고 오히려 더 자라난다. 추위를 두려워하지 않는 품격은 기개가 있는 것으로 여겨져 칭송받고 있으며 세 가지를 합쳐서 '세한삼우'라고 부른다. 후대 사람은 이를 이상적인 인격을 비추는 데 사용했고, 이 이상적인 인격을 가진 사람을 고대인은 '군자'라고 불렀다. 대나무는 또 매화, 난초, 국화와 함께 '사군자'라고 불린다. 매화, 난초, 대나무, 국화는 본래 자연계의 식물로 고대인은 인간미에 대한 추구를 자연에 두며 인간미가 지고지상한 인격력과 도덕적 정신을 갖도록 하였다. 예로부터 지금까지 시인이나 화가에게 매화, 난초, 대나무, 국화는 훌륭한 소재가 되었고 그들은 늘 이를 읊어왔다. 시를 읊고 그림을 그리는 것을 좋아했던 중국 고대인은 종종 대자연 속에서 자신의 마음을 의지하는 곳과 인격을 조영하는 것을 찾곤 했다. 그만큼 인격 수양을 중시하는 고대 사회에서 자연물의 문화적 상징성은 실용적인 기능보다 더 주목받았다.

대나무는 고대 사회에서 매우 중요한 역할을 했다. 종이가 발명되기 전, 대나무는 오랜 기간 동안 고대인이 글을 쓰는 중요한 재료가 되었고 우리는 이것을 '죽간'이라고 부른다. 최근 수십 년 동안 지하에서 많은 고대 죽간이 출토되어 현대인이 고대 사회를 이해하는 데 매우 중요한 사료가 되었다. 죽간은 문화 계승에 중요한 역할을 하였다.

'죽'은 부수로 사용되는데, '⺮'으로 표기한다. 죽은 대부분 젓가락 및 바구니 등 대나무 재료와 관련이 있다. 또한 대나무는 고대에 피리 및 퉁소 등 전통 악기를 만드는 중요한 재료였다.

衍生字 파생자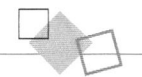

| 篆 | 等 |

由竹、寺会意。竹是古代书写的材料，称为"竹简"。寺是古代官署的通称。官署是有法度规章的地方，"竹"字下面一个"寺"，意思是竹简规整地摆放在官署里，本义是整齐的竹简，引申为等同、等级义。

죽(竹)과 사(寺)로 회의되었다. 죽은 고대에 글을 쓸 때 사용하던 재료로 '죽간'이라고 불린다. '사(寺)'는 고대 관서의 통칭이다. 관서는 법도의 규약이 있는 곳이며, '죽'자 아래에 '사'를 그려 죽간이 관서에 정연하게 놓여있다는 것을 의미한다. 본래 의미는 가지런한 죽간이며 '동일시하다' 및 '등급'의 의미로 확장되었다.

| 笁 | 竽 |

"⺮"表义，"于"表声，形声字。竹是制作中国古代乐器的重要材料。"竽"是一种古老的吹奏乐器，战国至汉代盛行于民间。

'⺮'은 뜻을 나타내고, '우(于)'는 소리를 나타낸다. 형성자이다. 죽은 중국 고대 악기를 제작하는 중요한 재료이며, '우(竽)'는 전국시대부터 한나라까지 민간에서 성행했던 오래된 관악기이다.

| 笛 | 笛 |

"⺮"表义，"由"表声，形声字。笛是流传至今中国最古老、最具代表性的吹奏乐器，迄今仍盛行于民间。

'⺮'는 뜻을 나타내고 '유(由)는 소리를 나타낸다. 형성자이다. 적(笛)은 지금까지 전해져 온 중국에서 가장 오래되고 가장 대표적인 관악기로 지금도 민간에서 성행하고 있다.

 | 筷 |

"⺮"表义，"快"表声，形声字。中国人习惯用竹筷，本义是筷子。

'⺮'은 뜻을 나타내고, '快'는 소리를 나타낸다. 형성자이다. 중국인은 습관적으로 대나무 젓가락을 사용하며 본래 의미는 젓가락이다.

草 초

草，百卉也。
초(草)는 온갖 화초이다.

甲骨文 갑골문	金文 금문	小篆 소전	隶书 예서	楷书 해서
ㄚ	丫	艸	草	草

"草"是象形字。现代汉语中"草"是所有草本植物的总称，但其实"草"字的初义并非如此。"草"字的古文字写作 ※，上下四颗"草"表义，中间"早"字表声，这个字不读cǎo，而读作zào。《说文解字》说："草，草斗，栎实也。一曰象斗子。"解释中所提到的"草斗"、"栎实"、"象斗子"都是指同一种植物，就是我们今天所俗称的"橡子果"。后来"草"字之义变为草木之"草"后，又重新造了一个"皂"字来替代"草"，表示"草斗"的意思，"草"即是"皂"的本字。

　　那么最初代表草木的"草"是如何书写的呢？甲骨文写作 丫，形状似一颗小草，中间为枝茎，两边为枝叶，像是草木刚长出地面的样子，表示草木初生，这个字也不读作cǎo，而读作chè。后来古人又造了一个表示很多草之义的字，写作 丫丫，表示百草之义，是所有草本植物的总称，这才读作cǎo，篆书写作"艸"。所以"草"和"艸"原本是两个不同发音，也不同意义的字，后来才用"草"代替了"艸"，表示草本植物，"草"的读音也由原来的zào变为cǎo，而原本表示草木的"艸"字在现代汉语中并不单独成字，只用作部首，写作"艹"，俗称"草字头"。汉字中草字头的字非常多，因为大自然中草本植物多种多样，跟植物相关的字，如树木、花卉、药草等基本都用草字头为部首。

　　中国有诗云："离离原上草，一岁一枯荣。野火烧不尽，春风吹又生。"草拥有顽强的生命力，火烧不尽，风吹不倒，这是中国古人对草的赞美，也是对其赋予的文化精神，象征着坚韧不拔，不屈不饶的奋斗精神。草又因其粗放生长，遍地丛生的自然特性，成为粗糙、野陋的代表。"草根"原本是一种中药草本植物，而现在常用作另一含义，指社会平民或社会中的弱势群体。这群人如杂草般众多而广泛，因而又引申出"草根阶层"一词，这群人代表的精神与创造的文化又被称为"草根精神"、"草根文化"。

　　'초'는 상형자이다. 현대 중국어에서 '초'는 모든 초본 식물의 총칭이지만 사실 '초'의 원래 의미는 그렇지 않았다. '초'의 고문자는 ※으로 썼는데, 위아래 네 개의 '초'는 뜻을 나타내고 중간의 '조(早)'는 소리를 나타낸다. 이 글자는 중국어로 cǎo라고 읽지 않고 zào라고 읽는다. 『설문해자』에서는 '초(草)는 초두(草斗) 즉 상수리이며 상두자(象斗子)라고도 불린다'라고 하였다. 해석 중 언급된 '초두', '상수리', '상두자'는 모두 동일한 식물을 가리킨다. 이는 오늘날 말하는 '상수리 열매'이다. 훗날 '초'의 의미가 초목의 '초'로 바뀐 후 '조(皁)'자를 만들어 '초'를 대체했다. 이는 '초두'의 의미를 나타내며, '초'가 '조(皁)'의 본래 글자이다.

그렇다면 처음에 초목을 대표하는 '초'는 어떻게 썼을까? 갑골문은 ψ이다. 작은 풀처럼 생겼고, 가운데는 가지와 줄기가 있으며 양쪽은 잎이 있다. 이는 초목이 막 땅에서 돋아난 모습이며 초목이 처음 자랐음을 뜻한다. 이는 중국어로 cǎo라고 읽지 않고 chè라고 읽는다. 훗날 고대인은 많은 풀을 나타내는 글자를 만들었는데 ψψ라고 쓴다. 이는 온갖 풀이라는 의미이며 모든 초본 식물의 총칭이다. 이는 중국어로 cǎo라고 읽으며 전서(篆书)로는 '艸'라고 쓴다. 그래서 '초(草)'와 '초(艸)'는 원래 발음도 다르고 의미도 다른 두 글자였는데, 훗날 '초(草)'가 '초(艸)'를 대체하면서 초본 식물을 나타냈다. '초(草)'의 독음은 원래의 zào에서 cǎo으로 변하였는데 원래 초목을 나타낸 '초(艸)'자는 현대 중국어에서 단독으로 사용되지 않고 부수로만 사용된다. 이는 '초(艹)'라고 쓰며 '초두'라고 부른다. 한자에는 초두를 사용한 글자가 매우 많다. 왜냐하면 대자연 중에는 초본 식물이 많기 때문이다. 식물과 관련된 글자는 수목(树木), 화훼(花卉), 약초(药草)등으로 기본적으로 초두를 부수로 사용한다.

중국의 한 시에서는 "우거진 언덕 위의 풀은 해마다 시들었다가 무성해지네. 들불로 모두 태우지 못하니 봄바람이 불면 또 다시 돋아나네."라고 하였다. 풀은 강한 생명력을 가지고 있으며, 불로 타 다버리지 않고, 바람으로 넘어지지 않는다. 이는 중국 고대인들의 풀에 대한 찬미이고 풀에 부여한 문학적 정신이다. 풀은 강인한 불굴의 투쟁 정신을 상징한다. 또한 풀은 거칠게 성장하고 땅 곳곳에 무성하게 자라는 자연적 특성으로 인해 거침과 야루함의 대표가 되었다. '풀뿌리'는 본래 중약 초본 식물이지만 지금은 다른 의미로 많이 사용되는데, 사회 평민 혹은 사회의 약자를 의미한다. 그들은 잡초처럼 많고 광범위하기 때문에 '초근 계층(草根阶层)'이라는 단어가 파생되었다. 그들이 대표하는 정신과 창조된 문화는 '초근 정신(草根精神)', '초근 문화(草根文化)'라고 한다.

衍生字 파생자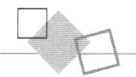

卉	小篆由三个"草"字会意，表示有很多草，本义是草的总称。 소전에서는 세 개의 '초(草)'가 회의하여 풀이 많다는 것을 나타낸다. 본래 의미는 풀의 통칭이다.
莽	由犬、茻(mǎng)会意，"茻"也表声，会意兼形声字。"茻"非通用字，当作意符使用，由四个"屮"构成，表示很多的草。"莽"的原意是犬在草丛中追逐兔子，引申为鲁莽、莽撞。 견(犬)과 망(茻, mǎng)으로 회의되며, '망(茻)'은 소리를 나타낸다. 회의자이자 형성자이다. '망'은 통용어가 아니며 형방으로 사용된다. 네 개의 '屮'으로 구성되며 풀이 만다는 것을 의미한다. '망(莽)'의 본래 의미는 개가 풀숲에서 토끼를 쫓는 것이다. 이는 무모하고 우악스럽다는 의미로 확대된다.
葬	由死、茻(mǎng)会意。人死后要埋入草丛之中，"葬"的本义就是人死用草覆盖埋葬。小篆字形中间还有一横，写作 茻，这一横表示用来垫着尸体的草席。 사(死)와 망(茻)으로 회의되었다. 사람이 죽으면 풀숲에 묻는다. '장(葬)'의 본래 의미는 풀로 덮어 묻는 것이다. 소전의 자형에는 중간에 또 하나의 가로줄이 있는데, 茻라고 쓴다. 이 가로줄은 시체를 받쳐주는 멍석을 뜻한다.
莫	由日、茻(mǎng)会意，像是太阳落在草丛中的样子，本义即是太阳落山，表示傍晚天快黑的时候。后来下面加了一个"日"字，写作"暮"来代替"莫"，表示日暮之义。"莫"在现代汉语中常用作副词，表示否定，同"不"。 일(日)과 망(茻)으로 회의되었다. 풀이 무성한 곳에 해가 지는 모양이다. 본래 의미는 해가 지는 것이며, 저녁에 해가 저물어 가는 때를 나타낸다. 훗날 아래에 '일(日)'자를 더해 '모(暮)'로 '모(莫)'를 대체했다. 이는 해질 무렵이라는 뜻이다. '모(莫)'는 현대 중국어에서 부사로 자주 사용된다. 부정을 나타내며 '부(不)'와 같다.

米 미

米，粟实也。
미(米)는 조의 낟알(粟实)이다.

甲骨文갑골문	金文금문	小篆소전	隶书예서	楷书해서
⋮⋮⋮	采	米	米	米

"米"是象形字，甲骨文字形上下六点像米粒的形状，中间一横所代表的意义，文字学家们莫衷一是。有的人认为中间那一横代表筛米的筛子或是放米的架子，也有人认为那一横是为了区别"沙"（古文字写作𖠁）、"水"（古文字写作𖠂）等以点表字形的字，小篆以后，"米"的米粒形状逐渐失形。

　　今天我们所熟知的"米"，一般专指稻米，但在古代，"米"的意思要宽泛许多。《说文解字》称："米，粟实也。""粟"是什么呢？粟是中国北方地区一种主要的粮食作物，也被称为"谷子"。"粟实"即是指粟剥壳去皮后的籽实，这种籽实也叫"小米"。也就是说没剥壳的"粟"是谷子，剥了壳的"粟"是小米。可见米和粟的区别在于加工与否，粟经过剥壳去皮后才成为米，常合称"米粟"。后来"米粟"词义扩大，不专指某种粮食作物，而是所有粮食作物的通称。可见，在古代"米"不仅指稻米，能去掉壳的粮食作物都可称为"米"，如大米、小米、糯米、糙米、黑米等。

　　再来了解下古人主要的食物。古代主要的粮食作物有五种，分别为稷、黍、麦、菽、麻，称为"五谷"。后来南方的水稻传到北方，又加上"稻"成为"六谷"。稷就是粟，即是小米，是古代北方地区非常重要的一种粮食作物，称为"五谷之长"，古人也称其为"谷神"，又把代表土地的"社"称作"土神"，合称为"社稷"，表示土载万物，谷育百姓。后来"社稷"成为国家的代名词，又与代表国土的"江山"合称为"江山社稷"。黍俗称黄米，可酿酒、做糕等；麦即是指可制作面粉的小麦；菽即是大豆；麻是一种茎部韧皮纤维可供纺织的草本植物，古代也食用，但不是最主要的食物；南方传到北方的稻就是我们今天所说的米。

　　"米"除了用作粮食作物的称谓外，词义还有所扩大。去掉皮壳的种子、果仁也可称作"米"，如花生米；形似米的东西也可称作"米"，如虾米。用粮食做的食物名称一般都用"米"旁，如糕、籽、粉、糊、粥、粑等。现代汉语中的"米"还可以作为计算长度的单位，如百米、千米。

　　'미'는 상형자로 갑골문자형의 위아래 여섯 점이 쌀알의 모양과 같다. 가운데의 가로줄이 대표하는 의미에 대해서 문자 학자들의 결론이 일치되지 않는다. 가운데에 있는 가로줄이 쌀을 치는 체나 쌀을 두는 선반을 대표한다고 보는 시각도 있고, 가로줄이 '사(沙, 고문자로 ※ 라고 쓴다)'나 '수(水, 고문자로 ※ 라고 쓴다)' 등이 글자와 구분하기 위한 것이라는 시각도 있는데, 소전 이후 '미'의 쌀알 모양이 점차 없어지고 있다.

오늘날 우리가 흔히 알고 있는 '미'는 일반적인 쌀만을 지칭하지만 고대에는 '미'의 의미가 훨씬 더 광범위했다. 『설문해자』에서는 "미(米)는 조의 낟알(粟实)이다."라고 하였다. '속(粟)'는 무엇일까? 속은 중국 북방 지역의 주요 곡식 작물이며 '조(谷子)'라고 한다. '속실(粟实)'은 껍질은 벗긴 후의 종자를 말하며 이러한 종자를 '좁쌀'이라고도 한다. 즉, 껍질을 벗지지 않은 '속'은 조이고 껍질을 벗긴 '속'은 좁쌀이다. 미와 속의 차이는 가공 여부에 있음을 알 수 있으며 속은 껍질을 벗긴 후에 미가 되어 흔히 '미속(米粟)'이라고 한다. 이후 '미속'의 의미가 확대되어 특정 곡식 작물을 지칭하지 않으며 모든 곡식 작물의 통칭이 되었다. 고대에는 '미'가 쌀만을 지칭하는 것이 아니라 껍질을 벗길 수 있는 곡식 작물을 모두 '미'라고 했다. 예를 들어 쌀(大米), 좁쌀(小米), 찹쌀(糯米), 현미(糙米), 흑미(黑米) 등이 있다.

고대인의 주요 음식을 알아보자. 고대에는 5가지 주요 곡식 작물이 있었다. 각각 피(稷), 서(黍), 맥(麦), 숙(菽), 마(麻)로 '오곡'이라고 불렀다. 이후 남쪽의 논벼가 북쪽으로 전해지면서 '도(稻)'가 더해져 '육곡'으로 된다. 기장은 속(粟)이며 즉 좁쌀인데, 고대 북방 지역에서 매우 중요한 곡식 작물로 '오곡지장(五谷之长)'이라고 불리었다. 고대인은 이를 '곡신(谷神)'이라고도 불렀고 토지를 대표하는 '사(社)'를 '토신'이라고 불러 합쳐서 '사직(社稷)'이라고 불렀다. 이는 흙이 만물을 싣고 곡식이 백성을 기른다는 것을 의미한다. 이후 '사직'은 국가의 대명사가 되었고 국토를 대표하는 '강산(江山)'과 함께 '강산사직(江山社稷)'이라고 불리게 되었다. 서(黍)는 일반적으로 기장쌀이라고 불리며 술을 빚고 떡을 만들 수 있다. 맥(麦)은 밀가루를 만들 수 있는 밀을 의미하며, 숙(菽)은 대두이다. 마(麻)는 줄기 부분의 인피 섬유가 방직을 공급할 수 있는 초본 식물로 고대에도 식용했지만 가장 중요한 음식은 아니었다. 남쪽에서 북쪽으로 전해진 도(稻)가 우리가 오늘날 먹는 쌀이다.

'미'는 양식 작물로 불리는 것 외에 의미가 확대되었다. 껍질을 벗긴 씨앗과 견과류는 '미'라고 할 수 있으며, 예를 들어, '땅콩 알맹이(花生米)'가 있다. 또한 쌀과 비슷한 것을 '미'라고 하는데 '껍질과 머리를 제거한 새우(虾米)'가 있다. 곡식으로 만든 식물 이름은 일반적으로 '미' 부수를 사용하는데, 예를 들어, 고(糕), 자(籽), 분(粉), 호(糊), 죽(粥), 파(粑) 등이 있다. 현대 중국어 중 '미'는 길이를 계산하는 단위로도 사용될 수 있다. 예를 들어 백 미터(百米), 킬로미터(千米) 등이 있다.

衍生字 파생자

精

"米"表义，"青"表声，形声字。本义是挑选过的上等好米。引申为精细、精华、精明等意义。

'미(米)'는 뜻을 나타내고 '청(青)'은 소리를 나타낸다. 형성자이다. 본래 의미는 선별한 고급 쌀이다. 세심함, 정화, 총명함 등의 의미로 확장된다.

粗

"米"表义，"且"表声，形声字。"粗"和"精"的意义正好相反，本义是颗粒大的米，即糙米,引申为粗大、粗糙、粗心等意义。

'미(米)'는 뜻을 나타내고 '차(且)'는 소리를 나타낸다. 형성자이다. '조(粗)'와 '정(精)은 반대의 의미를 가지고 있다. 본래 의미는 입자가 큰 쌀이다. 즉 현미를 의미하며, '굵직하다', '거칠다', '부주의하다'의 의미로 확장된다.

粉

由米、分会意，"分"也表声，会意兼形声字。"分"有分散、分解的意思，"分"和"米"组合在一起表示把米分散，分散后的米就成了粉末，本义即是米细末。古人常把大米粉末当作化妆品抹在脸上，使皮肤增白。

미(米)와 분(分)으로 회의되었으며, '분(分)'은 소리를 나타낸다. 회의자이자 형성자이다. '분'은 분산 및 분해의 의미를 가지며 '분'과 '미'가 조합하면 쌀이 분산되어 분산된 쌀이 분말이 된다는 것을 의미한다. 본래 의미는 쌀가루이다. 고대인은 쌀가루를 화장품처럼 얼굴에 발라 피부를 하얗게 했다.

糜

"米"表义，"麻"表声，形声字。"糜"的意思是把米煮烂，米煮烂后就成了粥，本义即是粥，又引申为烂、碎之义。

미(米)는 뜻을 나타내고 마(麻)는 소리를 나타낸다. 형성자이다. '미(糜)'는 쌀을 푹 삶아 죽이 된다는 뜻으로 본래 의미는 죽이다. 이는 '썩다' 및 '으깨다'의 의미로 확장된다.

禾 화

禾, 嘉谷也。二月始生, 八月而孰, 得时之中。

화(禾)는 아름다운 농작물(嘉谷)이다. 2월에 성장하기 시작하고(二月始生) 8월에 익는다(八月而孰). 사계절 중 음양의 합을 얻을 때이다(得时之中).

甲骨文갑골문	金文금문	小篆소전	隶书예서	楷书해서
			禾	禾

"禾"是象形字，古文字形像一株成熟的稻谷，上部是成熟后向下垂的禾穗，中间是枝叶，下部是根茎，隶变后，变成"木"字头上加一撇，下面部分仍能看出根茎的形状。禾本来是中国北方地区种植的一种常见的农作物，古代也称"粟"或"稷"，北方人通称"谷子"，去掉外壳后就是今天所称的"小米"，后来引申为谷物的通称。

《说文解字》说："禾，嘉谷也，二月始生，八月而孰，得时之中，故谓之禾。""嘉"是美好的意思，即是说禾是一种美好的农作物。民以食为天，中国古代是一个传统的农业社会，从古至今，吃饭问题历来都被当作是人生的头等大事。古人称禾为"嘉谷"，可见禾在中国古代是一种极其重要的农作物。禾之所以被称为"嘉谷"，在于其生长时节的得天独厚。"二月始生，八月而孰"，从二月到八月，这六个月正好处于一年四季的中间，得四时中和之气，万物生长与收获都在此时间进行，故谓之"得时之中"。"中和"观念被认为是中国传统文化集大成思想，中国古人用此观念去看待宇宙，解释生命，期待人生。

《说文解字》又说："禾，木也。木王而生，金王而死"。这是用中国传统五行学说中的相生相克思想来解释"禾"的滋生与枯萎。中国古人认为，天地万物皆由金、木、水、火、土五种元素构成，它们彼此之间存在生与克的关系。这里所说的"木"非树木，而指五行之"木"。五行中木代表春，金代表秋，而木克土，金克木，所以春天禾苗生长，到了秋天就枯萎死亡了。

在中国人的观念里，禾有珍贵、收获、希望的寓意。中国父母喜用"禾"字给孩子取名，寓意孩子茁壮成长，有所收获。"禾"又与"和"同音，也被认为是天地万物和谐的象征，寓意"和谐"、"和气"。

"禾"作为部首，表示谷类的植物大多从"禾"，如秧、稻等。另外，种、移等与种植作物相关行为的字也大多从"禾"。

'화'는 상형자이다. 옛 글자 자형은 익은 벼처럼 생겼다. 상단은 익어서 아래로 축 쳐진 벼이고 중간은 가지와 잎이며 하단은 뿌리줄기이다. 예변을 거친 후 '목'자에 한 삐침을 그린 자형이 되었고 하단에는 여전히 뿌리줄기의 형상을 볼 수 있다. 화는 본래 중국 북방 지역에서 재배되는 흔한 작물로 고대에는 '속(粟)' 혹은 '직(稷)'으로 불렸다. 북방 사람들은 일반적으로 '조'라고 불렀고 껍질을 벗긴 후 오늘날 '좁쌀'이라고 부르게 되었다. 훗날 곡물의 총칭이 되었다.

『설문해자』에서는 "화(禾)는 아름다운 농작물(嘉谷)이다. 2월에 성장하기 시작하고(二月始生) 8월에 익는다(八月而孰). 사계절 중 음양의 합을 얻을 때이다(得时之中). 따라서 화라고 한다."라고 하였다. '가(嘉)'는 아름답다는 뜻이다. 즉 화는 아름다운 농작물이라는 것이다. 백성은 식량을 하늘로 여긴다. 중국 고대는 전통적인 농업 사회로 고대부터 지금까지 식사 문제는 항상 인생의 최우선 과제로 여겨져 왔다. 고대 사람은 화를 '가곡(嘉谷)'이라고 불렀는데 이는 화가 중국 고대에서 매우 중요한 작물이었음을 알 수 있다. 화를 '가곡'이라고 부르는 이유는 성장하는 시기가 독특하기 때문이다. "이월시생, 팔월이숙(二月始生, 八月而孰)", 2월부터 8월까지의 6개월은 1년 사계절의 중간으로 사계절 중화의 기운을 얻어 만물의 성장과 수확이 이 시간에 이루어지므로 이를 "득시지중(得时之中)"이라고 하였다. "중화"관념은 중국 전통문화의 집대성 사상으로 중국 고대인은 이 관념으로 우주를 바라보고 생명을 설명하여 인생을 기대했다.

『설문해자』에서는 "화"는 목(木)에 속한다. 그러므로 그의 지리는 목왕이 살고 금왕이 죽는다."라고 하였다. 이는 중국 전통 오행 학설 중 상생상극 사상으로 '화'의 번식과 시듦을 설명한 것이다. 중국 고대인은 천지와 만물은 모두 금, 목, 수, 화, 토의 5가지 원소로 구성되어 있고, 서로 생과 극의 관계가 있다고 생각했다. 여기서 말하는 '목'은 나무가 아니라 오행 중 '목'이다. 오행 중 목은 봄을, 금은 가을을 대표하며, 목과 토는 상극이고 금과 목은 상극이다. 따라서 봄에 싹이 자라면 가을에 시들어 죽는 것이다.

중국인의 관점에서 화는 귀중함, 수확, 희망의 뜻을 가지고 있다. 중국 부모는 아이가 잘 자라고 수확이 있었으면 하는 바람으로 '화'를 사용해 아이의 이름을 짓는 것을 좋아한다. '화(禾)'는 '화(和)'와 음이 같기 때문에 천지와 만물이 조화되는 것을 상징한다. 따라서 '조화', '화목'의 의미가 있다.

'화'는 부수로 작용하는데 곡물에 속하는 식물은 대부분 '화'를 쓴다. 예를 들어, 앙(秧), 도(稻) 등이 있다. 또한 종(种), 이(移) 등 작물 재배와 관련된 행위의 글자는 대부분 '화'를 쓴다.

衍生字 파생자

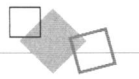

 科

由禾、斗会意。"斗"表示量器，有衡量之义，与"禾"组合在一起表示衡量、区分谷物的意思。筛选出来的谷物必定有等级之分，"科"的本义就是品级、类别，引申为法律、法规。

화(禾)와 투(斗)로 회의되었다. 투는 측량기를 의미하며 '가늠하다'라는 의미가 있다. '화'와 결합하여 곡물을 측정하고 구분하는 의미를 나타낸다. 선별된 곡물에는 등급 구분이 있어야 한다. '과'의 본래 의미는 등급 및 분류이며 법률 및 법규의 의미로 확장되었다.

 秦

"秦"字的上半部是"舂"(chōng)字省去"臼"，由禾、舂的省字会意。古文字形上面像是双手持杵的样子，下面是两株禾谷，字义即是舂禾谷。"秦"是中国古代国家的国名，相传这个地方农业发达，适宜禾谷的生长，所以就把"秦"字假借这个国家的国名。

진(秦)의 상반부는 '용(舂)'에서 '구(臼)'를 생략한 것으로 화(禾)와 용(舂)의 생략자에서 회의되었다. 옛 글자 자형의 상단은 양손으로 절굿공이를 들고 있는 모습이고 하단은 두 그루의 화곡이다. 의미는 화곡을 빻는다는 것이다. 진(秦)은 중국 고대 국가의 국가명이다. 해당 지방은 농업이 발달하여 화곡의 성장에 적합하다고 전해져 왔다. 따라서 '진'은 해당 국가의 명칭을 가차한 것이다.

	稼

"禾"表义，"家"既表声也表义，形声兼会意字。农业社会，种庄稼乃是一家人的生计大事，故以"家"表义，本义是种植谷物。

'화(禾)'는 뜻을 나타내며 '가(家)'는 소리와 뜻을 나타낸다. 형성자이자 회의자이다. 농업 사회에서 농작물 재배는 한 가족의 생업이기 때문에 '가'로 뜻을 나타냈다. 본래 의미는 곡물을 재배하는 것이다.

	稅

"禾"表义，"兑"表声，形声字，本义是赋税。土地税是中国古代社会一种长期存在的税收方式，也称为"田赋"，是按照田亩征收农作物的一种税收方式。

'화(禾)'는 뜻을 나타내고 '태(兑)'는 소리를 나타낸다. 형성자이다. 본래 의미는 세금이다. 토지세는 고대 중국 사회의 오래된 세금 방식이며 '전부(田賦)'라고도 한다. 이는 논밭에 따라 농작물을 징수하는 세금 방식이다.

4. 植物식물 _ 117

5
自然 자연

金	石	火	气	雨
금	석	화	기	우

金 금

五色金也。黄为之长。久薶不生衣, 百炼不轻,
从革不违。

금은 오색 금속의 총칭이며 황금은 오색 금속 중 제일이다.
땅에 오래 묻어도 녹 반점이 생기지 않고(久薶不生衣),
여러 번 단련해도 파손되거나 가벼워지지 않으며(百炼不轻),
겉모양이 바뀌어도 그 본질은 변하지 않는다(从革不违).

소실	金	金	金	金
甲骨文갑골문	金文금문	小篆소전	隶书예서	楷书해서

"金"是形声字，甲骨文中还没有发现"金"字的写法，最早的"金"字出现在金文中。关于"金"字的构造，《说文解字》有详细的解释："生于土,从土；左右注，象金在土中形；今声。"根据《说文》的解释，我们可以分析"金"的字形构造：上部为声旁，下部为形旁，因金产生于土里，故从"土"，左右两点，是金粒隐藏在土层中的样子。《说文解字》还对金的特性有详细的描述："五色金也。黄为之长。久薶不生衣，百炼不轻，从革不违。""金"在古代并不像现在一样专指黄金而言，最初"金"专指铜这种金属，后来引申为金属的通称。"五色金"指的是白、青、赤、黑、黄这五种颜色的金属，其中黄颜色的金，即黄金，为"五金"中最优质的。"久薶不生衣"指金久埋于地下也不产生锈斑和腐蚀的痕迹；"百炼不轻"指金即使经过千锤百炼也不会耗损变轻；"从革不违"指金即使改变外在形状，也不会改变它的本质。以上三点指出了"金"的自然属性，总结来讲，"金"是一种不因外部环境的变化而改变本质的物质。现代汉语中"金"的词义缩小专指黄金而言。

　　金因其不易改变的性质，又引申为稳定之义。春生、夏长、秋收、冬藏。秋天是收获的季节，代表稳定，因此一年四季中，秋天属金，我们常称"金秋"。成语"固若金汤"、"金石之策"中的"金"便是牢固稳定的意思。

　　"金"也是中国传统"五行学说"中的一行。《说文解字》说金属于"西方之行"，这是指金代表西方的一种物质。这如何理解呢？太阳从东方出来，西方落下，因此东方代表火热，西方代表冰冷。"金"字的古文字形下半部分的左右两点，描绘的是金属被埋藏在土里的样子，所以"金"有埋葬、禁锢的意思，进而代表事物发展事态的停止，停止发展，自然变阴、变冷，所以"金"在五行的方位中属于冰冷的西方。

　　金在古代也可用作货币，所以"金"也有货币的意思。时至今日，黄金仍是世界各国可以兑换交易的货币，因其价值昂贵，又引申为高贵、贵重之意。比如敬称别人的女儿为"千金"；敬称别人的言语为"金口"；"一寸光阴一寸金"则是比喻时间很珍贵。

　　"金"也是部首字，简化部首写作"钅"，从金的字多与金属相关，如铜、铝、银等。

'금'은 형성자이다. 갑골문에서는 아직 '금'의 서법을 발견하지 못했다. 가장 빨리 '금'을 발견한 것은 금문이다. '금'자가 만들어진 것에 대해 『설문해자』에서 상세하게 설명을 했는데, "금은 토에서 생겼는데 자형은 '토'를 편방으로 사용하고 '토'의 좌우 두 점은 마치 금색 흙이 속에 숨어 있는 것 같다. 자형은 '금(今)'을 소리를 나타내는 부분으로 사용하였다."라고 하였다. 『설문』의 설명에 따르면 우리는 '금'의 자형 구조를 분석할 수 있다. 상단은 소리를 나타내는 부분이고 하단은 모양을 나타내는 부분이다. 금은 흙에서 생겨났기 때문에 '토'에서 비롯되며 좌우의 두 점은 금 알갱이가 흙 속에 숨어 있는 모습이다. 『설문해자』는 금의 특성에 대해 상세한 묘사를 하였다. "금은 오색 금속의 총칭이며 황금은 오색 금속 중 제일이다. 땅에 오래 묻어도 녹 반점이 생기지 않고, 여러번 단련해도 파손되지 않으며, 겉모양이 바뀌어도 그 본질이 변하지 않는다." 라고 하였다. 고대에 '금'은 지금처럼 황금을 지칭하지 않았다. 가장 초기에 '금'은 구리 같은 금속을 지칭하다가 훗날 금속의 통칭이 되었다. '오색금'은 백, 청, 적, 흑, 황 등 5가지 색의 금속을 말하는데 그 중 황색의 금 즉 황금은 '오금' 중 가장 우수한 것이었다. "구매불생의(久薶不生衣)"는 금을 오래 땅에 묻어도 녹반과 부식의 흔적이 생기지 않는 것을 의미하고, "백련불경(百炼不轻)"은 금을 정련해도 파손되지 않고 가벼워지지 않는다는 것을 의미하며, "종혁불위(从革不违)"는 금의 겉모양이 바뀌어도 그 본질이 변하지 않는다는 것을 말한다. 위의 세 가지는 '금'의 자연적인 속성을 말한 것으로, 요약하자면 '금'은 외부 환경의 변화에 의해 본질이 변하지 않는 물질이라는 것이다. 현대 중국어에서 '금'의 의미는 오로지 황금만을 가리킨다.

금의 쉽게 변하지 않는 성질 때문에 안정의 의미로 확장되기도 한다. 봄에는 생겨나고, 여름에는 성장하며, 가을에는 수확하고, 겨울에는 저장한다. 가을은 수확의 계절로 안정을 나타낸다. 따라서 1년 사계절 중 가을은 금에 속하며 우리는 '금추(金秋)'라고 한다. 성어 '고약금탕(固若金汤)'과 '금석지책(金石之策)' 중의 '금'은 굳건하고 안정적이라는 뜻이다.

'금'은 중국의 전통인 '오행 학설' 중 하나이기도 하다. 『설문해자』에서 금은 '서방지행(西方之行)'에 속한다고 했는데 이는 금이 서쪽을 대표하는 물질이라는 것이다. 이는 어떻게 이해해야 할까? 태양은 동쪽에서 나와 서쪽으로 지므로 동쪽은 뜨거운 것을 대표하고 서쪽은 차가운 것을 대표한다. '금'자의 옛 글자 자형 하반부의 좌우 두 점은 금속이 흙 속에 묻혀 있는 모습을 묘사하고 있다. 따라서 '금'은 매장 및 감금의 뜻이 있다. 나아가 사물의 발전이 멈추는 것을 대표하며, 발전이 멈추면 음(阴)이 되고 차가워지기 때문에 '금'은 오행 중 추운 서쪽에 속한다.

금은 고대에 화폐로 사용되었기 때문에 화폐의 의미가 있다. 오늘날 금은 여전히 세계 각국에서 교환할 수 있는 화폐로 사용되며, 가치가 높기 때문에 고귀하고 귀중하다는 의미로 확장될 수 있다. 예를 들어 타인의 딸을 경칭할 때 '천금(千金)'이라고 하며, 타인의 말을 경칭할 때는 '금구(金口)'라고 한다. '일촌광음일촌금(一寸光阴一寸金)'은 시간이 소중하다는 것을 비유한다.

'금'은 부수자로 부수를 간략화해 '금(钅)'이라고 쓴다. 금에서 비롯된 글자는 대부분 금속과 관련이 있는데, 동(铜), 려(铝), 은(银) 등이 있다.

衍生字 파생자

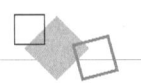

 铜(銅)

"金"表义，"同"表声，形声字，本义是指一种赤色的金属，古时也称为"赤金"，后来也用作货币，称为"铜钱"，也可代指铜制器物，引申为坚固、坚牢。成语"铜墙铁壁"就是十分坚固的意思。

'금(金)'은 뜻을 나타내고 '동(同)'은 소리를 나타낸다. 형성자이다. 본래 의미는 적색의 금속이며, 고대에는 '적금(赤金)'이라고도 불려졌다. 훗날 화폐로도 사용되었는데 '동전(铜钱)'이라고 불렸다. 이는 구리 기물을 지칭하기도 하며, 견고함 및 단단함의 의미로 확장되었다. 성어 '동장철벽(铜墙铁壁)'은 매우 견고하다는 의미이다.

银(銀)

"金"表义，"艮"表声，形声字，本义是指一种白色的金属，古时也称为"白金"，后来用作货币，称为"银子"、"银币"，还可引申指像银一样的颜色。

'금(金)'은 뜻을 나타내며 '간(艮)'은 소리를 나타낸다. 형성자이다. 본래 의미는 백색의 금속이다. 고대에는 '백금'으로도 불려졌다. 훗날 화폐로 사용되어 '은자(銀子)', '은폐(銀币)'라고 불렸다. 이는 은과 같은 색을 의미하기도 한다.

钱(錢)

"金"表义，"戋"表声，形声字。"钱"本是古代种田的农具，读作 jiǎn。农具曾是用于充当商品交换的媒介物，相当于货币的性质，后来引申为货币，这才读作qián。

'금(金)'은 뜻을 나타내며 '잔(戋)'은 소리를 나타낸다. 형성자이다. '전(钱)'은 본래 고대에 밭을 심던 농기구였다. 중국어로 jiǎn이라고 읽는다. 농기구는 상품 교환의 매개물로 사용되었으며, 화폐의 성질이 있다. 훗날 화폐의 뜻으로 확장되었고 그때가 되어서야 qián이라고 읽었다.

镜(鏡)

"金"表义，"竟"表声，形声字，本义是可以照见形影的器具，即镜子。金属有反射物象的特点，所以古人常用铜来制作镜子，称为"铜镜"。

'금(金)'은 뜻을 나타내며 '경(竟)'은 소리를 나타낸다. 형성자이다. 본래 의미는 형체를 비추는 기구, 즉 거울이다. 금속은 사물을 반사하는 특징이 있다. 따라서 고대 사람은 구리로 거울을 만들었으며, 이를 '동경(铜镜)'이라고 불렀다.

石 석

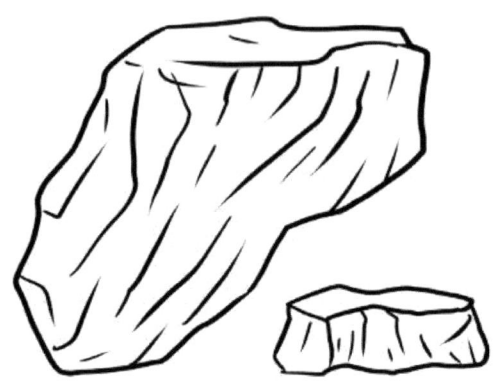

石，山石也。在厂之下。
석(石)은 산의 돌이다. 절벽 아래에 있는 것이다.

甲骨文갑골문	金文금문	小篆소전	隶书예서	楷书해서
石	石	石	石	石

"石"是象形字，较早时期的甲骨字形写作𠂆，像是敞开的山崖之形，后来在下面加上"口"，变成 𥑮，表示从山崖上掉落下来的石块。≪说文解字≫对"石"字的本义和字形构造均有解释："石，山石也。在厂之下；口，象形"。意思是"石"是山上的石头，"厂"像是岩崖，"口"表示掉落的石块。

石头是人类最早使用的生产工具，对人类的发展具有极其重大的作用。远古人类通过石头取火、造房屋、制作生产工具，生产效率得以提高，社会生活因此进步，我们把人类能够制作并使用石制工具的时代称为"石器时代"，这是人类从莽荒走向开化、从野蛮走向文明的一次飞跃。

可以说，人类生产生活的发展与进步离不开石头，石头帮助人类存活了下来，因此人们对石头产生了特殊的感情。中国古代就有"石头崇拜"一说，也有诸如"女娲炼石补天"的神话故事，与"石头"相关的文学作品也不少，古代四大著名小说之一的≪红楼梦≫，它的另一名字就叫≪石头记≫。中国古代的园林建筑，石头是必不可少的元素之一，园林装饰常以石山、流水、小桥的组合来凸显主人的雅致情怀。另外，中国文化的发展也离不开石头。石刻文字是保存民族文化与民族精神的重要手段之一。儒家经典"十三经"的石刻文字碑至今仍完好地保存于西安碑林博物馆中，而"龙门石窟"、"云冈石窟"、"敦煌莫高窟"这些在石头上刻凿的经典宗教艺术成为人类文化珍贵的历史记忆。今天我们透过这一块块石头上的文字、符号、图画去透解古代社会的发展状况与古人的心灵世界。

石头质地坚硬，"石"字又引申为坚固，坚硬之义。成语"海枯石烂"比喻坚定的意志永远不变；"坚如磐石"指像石头一样坚固，比喻非常牢固，坚不可摧。现代社会中，石头作为生产工具使用的原始功能早已失去，如今人们仍然喜欢戴石、玩石、藏石，那是因为石头的实用功能虽然已经退出了历史舞台，但其象征忠诚、坚贞的品格仍深受推崇。

另外，"石"还是古代一种重量单位，一石相当于一百二十斤。汉代官员的俸禄以石为计量单位，依照职位高低，从万石俸禄到百石俸禄不等。"石"也是部首字，从"石"的字大多与坚硬的物体有关，如硬、矿、砖、碑。

'석'은 상형자이다. 이른 시기의 갑골문 서법은 𝌆으로 열린 절벽의 모양이었다. 훗날 그 아래에 '구(口)'를 붙여 𝌇으로 바뀌었다. 이는 산 위에서 떨어진 돌을 뜻한다. 『설문해자』에서 '석'의 본래 의미와 자형 구조에 대해 다음과 같이 설명하였다. "석(石)은 산의 돌이다. 절벽(厂) 아래에 있는 것이다. '구(口)'는 네모나고 둥근 돌 모양을 닮았으며, 상형자이다". '석'은 산 위의 돌이라는 것을 뜻하며, '엄(厂)'은 바위 절벽, '구(口)'는 떨어진 돌을 뜻한다.

돌은 인류가 가장 최초로 사용한 생산 도구이며 인류의 발전에 매우 중요한 역할을 하였다. 먼 옛날 인류는 돌을 통해 불을 얻고, 집을 짓고, 생산 도구를 만들면서 생산성이 높아졌다. 이로 인해 사회생활이 진보하여 인류가 석기 도구를 만들고 사용할 수 있었던 시대를 '석기시대'라고 부르는데, 이는 인류의 황무지에서 개화로, 야만에서 문명으로의 도약이었다.

인류의 생산 활동의 발전과 진보는 돌을 떼어놓을 수 없다. 돌은 인류가 살아남은 데 도움을 주었기 때문에 인간은 돌에 대해 특수한 감정이 생겼다. 중국 고대에는 '돌 숭배'라는 설이 있다. '여와연석보천(女娲炼石补天)'이라는 신화 이야기도 있고 '돌'과 관련된 문학 작품도 적지 않다. 고대의 4대 유명 소설 중 하나인 '홍루몽(红楼梦)'의 다른 이름은 '석두기(石头记)'이다. 중국 고대의 정원 건축에서 돌은 필수 요소 중 하나였다. 정원 장식은 종종 돌산, 흐르는 물, 작은 다리의 조합으로 주인의 우아함을 강조했다. 또한 중국 문화의 발전도 돌과 불가분의 관계에 있다. 석각 문자는 민족 문화와 민족 정신을 보존하는 중요한 수단 중 하나이다. 유교 경전인 '십삼경(十三经)'의 석각 문자비는 지금도 서안비림박물관에 보존돼 있고, '용문석굴(龙门石窟)', '운강석굴(云冈石窟)', '돈황막고굴(敦煌莫高窟)' 등 돌에 새겨진 고전 종교 예술은 인류 문화의 소중한 역사적 기억으로 남아있다. 오늘날 우리는 이 돌 위의 문자, 기호, 그림을 통해 고대 사회의 발전 상황과 고대인의 마음 세계를 이해한다.

돌의 질감이 단단하기 때문에 '석'자는 견고하고 단단하다는 뜻으로 확장된다. 성어 '해고석란(海枯石烂)'은 굳은 의지가 영원히 변하지 않는다는 뜻이고, '견여반석(坚如磐石)'은 돌처럼 단단하고 견고하다는 뜻이다. 현대 사회에서 돌을 생산 도구로 사용한 돌의 원시적 기능이 사라진 지 오래인데, 오늘날에도 여전히 대석(戴石), 완석(玩石), 장석(藏石)을 선호하는 이유는 돌의 실용적 기능은 역사의 무대에서 내려왔지만 충성과 굳건함을 상징하는 품격이 여전히 높이 평가되고 있기 때문이다.

또한 '석'은 고대의 무게 단위로 1석은 120근에 해당된다. 한나라 관리의 녹봉은 돌을 계량 단위로 하였고, 직위의 높낮이에 따라 만 석 녹봉부터 백 석 녹봉까지 다양했다. '석'은 부수자인데, '석'은 대부분 딱딱한 물체와 관련이 있다. 예를 들어, 광(矿), 전(砖), 비(碑)가 있다.

衍生字 파생자

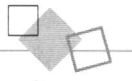

由三个"石"会意。"三"在古代表示众多的意思, 三个石头重叠在一起就表示众多的石头累积在一起。石头质地坚硬, 刚强, "磊"又引申为坚毅刚强, 心地坦荡。

세 개의 '석(石)'으로 회의되었다. '삼'은 고대에 많다는 뜻을 나타냈다. 세 개의 돌이 겹쳐져 있다는 것은 수많은 돌이 함께 쌓여 있다는 것을 의미한다. 돌의 질감은 단단하고 강하기 때문에, '뢰(磊)'는 굳세고 마음에 거리낌이 없다는 것을 의미한다.

"石"表义, "卑"表声, 形声字, 本义是竖立的石头。古代石碑主要用于三处: 一是用于宫殿, 用来观测日影; 二是用于庙堂, 用来拴牲畜; 三是用于墓地, 用来记刻功德。"碑"在秦代称为"刻石", 汉代以后才称为"碑"。

'석(石)'은 뜻을 나타내고, '비(卑)'는 소리를 나타낸다. 형성자이다. 본래 의미는 서 있는 돌이다. 고대의 석비는 주로 세 곳에 쓰였다. 첫 번째는 궁궐에서 해의 그림자를 관측할 때 쓰였고, 두 번째는 묘당에서 가축을 묶을 때 쓰였으며, 세 번째는 묘지에서 공덕을 새길 때 쓰였다. '비(碑)'는 진나라 때 '각석(刻石)'으로 불렸으며 한나라 이후에 비로소 '비'로 불렸다.

硬

"石"表义，"更"表声，形声字，本义是坚硬，引申为坚强、强硬，有不易改变的意思。一个人的性格很执拗，可以说"他的性格很硬"，意思是性格不轻易改变。

'석(石)'은 뜻을 나타내고, '경(更)'은 소리를 나타낸다. 형성자이다. 본래 의미는 단단하다는 것이다. 훗날 굳세고 강경한, 즉 쉽게 변하지 않는다는 뜻으로 확장되었다. 한 사람의 성격이 고집스러울 때는 '그의 성격은 굳세다(硬)'라고 말하는데, 이는 성격이 쉽게 변하지 않는다는 뜻이다.

 破

"石"表义，"皮"表声，形声字，本义是石头碎裂，引申为破碎、不完整。

'석(石)'은 뜻을 나타내고 '피(皮)'는 소리를 나타낸다. 형성자이다. 본래 의미는 돌이 부서진다는 의미이며, 파쇄 및 불완전의 의미로 확장되었다.

陈列于西安碑林博物馆的石刻儒家经典十三经，内容包括≪周易≫、≪尚书≫、≪诗经≫、≪周礼≫、≪仪礼≫、≪礼记≫、≪春秋左传≫、≪春秋公羊传≫、≪春秋穀梁传≫、≪孝经≫、≪论语≫、≪尔雅≫、≪孟子≫等十三部儒家经书。儒家十三经是中华文化之根，也是古代知识分子修养人格，安身立命，考取功名，进入仕途的必读书目。

서안비림박물관에 전시되어 있는 석각유가경전 13경은 『주역』, 『상서』, 『시경』, 『주례』, 『의례』, 『예기』, 『춘추좌전』, 『춘추공양전』, 『춘추곡량전』, 『효경』, 『논어』, 『이아』, 『맹자』 등 13부 유가 경전을 담고 있다. 유가 13경은 중화 문화의 뿌리이자 고대 지식인들이 인격을 수양하고, 몸을 안정시키고, 공명을 얻고, 벼슬길에 오르는 필독서이기도 했다.

火 화

火, 燬也。南方之行, 炎而上。
'화(火)'는 모든 것을 태울 수 있는 것이다(燬).
오행 중 남쪽의 속성을 대표하며(南方之行), 불은 위로 솟아오른다(炎而上).

甲骨文갑골문	金文금문	小篆소전	隶书예서	楷书해서
ᗯ	业	火	火	火

"火"是象形字，甲骨文像一团冲天燃烧的火苗形状，其本义是物体燃烧所发的光热。≪说文解字≫称："火，燬也。南方之行，炎而上。""燬"同"毁"，破坏损害之义，意思是火是一种可以破坏损害东西的物质。"南方之行"是从中国传统的"五行"观念来解说，五行包括金、木、水、火、土五种物质，中国古人认为五行是万事万物合理运行的根本来源，南方燥热，阳气旺盛，属于"火"性，所以火在方位上属于南方。"炎而上"是对火性质状态的一种描述，指火具有炎热、光明、上升的特性。汉字"光"的甲骨文写作 🔥，一个人头顶着一团火，有了火就有了光明，有了光明就有了希望。因此火在中国传统文化中象征着希望、前进，红色因此成为中国人最喜爱的颜色。

婚礼、寿宴、乔迁等庆事活动，中国人喜好采用红色调装饰，寓意美好幸福。中国有句俗语叫做"星星之火可以燎原"，这里的"星星之火"便是一种象征意义，代表一种不断向上的、旺盛的生命之力。"火"作部首的字基本分为两种：一种是从其物理属性，取燃烧义，如燃、烧、炸、烟等；一种是从其文化属性，取光明希望义，寓意兴旺繁盛，如灿、烁、煜等。

有了火，人类从黑暗走向了光明，从寒冷走向了温暖，火对于人类社会发展的重要性是不言而喻的，这种重要性也隐藏在汉字"送"里。"送"的小篆写作 𨕖，左边表示行走，右边是双手捧着火种，"送"的字义就是拿着火种去赠送给别人。在古代，火被当作一种珍贵的礼物赠人。

中国河南商丘被誉为中国火文化的发祥地，有"中国火文化之乡"的称号。相传远古时候，这里有一位智人发明了钻木取火技术，从此这里的人不再依赖自然火种，学会了人工取火，人们开始食用熟食，减少了疾病的发生，当地人十分感谢这位智人，拥戴其成王。由于钻木取火所用的木材大多使用的是燧木，所以大家称其为"燧人氏"，并被后世奉为"火祖"，河南商丘因此成为最早人工取火的地方。取火技术的发明，结束了远古人类茹毛饮血的时代，人类社会开始从野蛮逐渐走向开化，慢慢与野兽区别开来，华夏文明的种子便由此酿出。

'화'는 상형자이다. 갑골문은 하늘로 치솟아 오르는 불꽃 모양처럼 생겼다. 본래 의미는 물체가 타면서 발생하는 빛과 열이다.『설문해자』에서는 "'화(火)'는 모든 것을 태울 수 있는 것이다(燬). 오행 중 남쪽의 속성을 대표하며(南方之行), 불은 위로 솟아오른다(炎而上)."라고 하였다. '훼(燬)'는 '훼(毀)'와 동일하며, 훼손하여 손상시킨다는 의미가 있다. 이는 불은 물건을 훼손하여 손상시킬 수 있는 물질이라는 의미이다. '남방지행(南方之行)'은 중국의 전통인 '오행' 관념에서 설명한 것이다. 오행은 금, 목, 수, 화, 토 다섯 가지 물질을 포함하고 있으며, 중국 고대인은 오행은 세상 만물이 합리적으로 운행하는 근본적인 원천이라고 여겼다. 남방은 조열하고 양기가 왕성하여 '화'에 속한다. 따라서 화는 방위상 남쪽에 속한다. '염이상(炎而上)'은 불의 성질 상태를 묘사한 것으로, 불이 뜨겁고 밝으며 상승하는 특성을 가지고 있음을 말한다. 한자 '광(光)'의 갑골문 서법은 으로 한 사람이 불을 머리에 이고 있는데, 불이 있으면 광명이 있고 광명이 있으면 희망이 있다. 이 때문에 불은 중국 전통 문화 중 희망과 전진을 상징하고, 붉은색은 중국인이 가장 좋아하는 색이다.

결혼식, 생일잔치, 집들이 등의 축하행사에 중국인은 붉은 색조로 장식하는 것을 좋아하며 이는 아름다운 행복을 의미한다. 중국 속담에 '작디작은 불티가 들판을 태울 수 있다(星星之火可以燎原)'라는 말이 있다. 여기서 '성성지화(星星之火)'는 일종의 상징적 의미이며 끊임없이 위로 올라가는, 왕성한 생명의 힘을 나타낸다. '화'를 부수로 두는 글자는 두 가지가 있다. 하나는 물리적 속성에서 연소의 의미를 지니는 것인데, 예를 들어, 연(燃), 소(燒), 작(炸), 연(烟) 등이 있다. 다른 하나는 문화적 속성에서 광명과 희망의 의미를 지니는 것인데, 번창하고 흥성하는 것을 의미한다. 예를 들어, 찬(灿), 삭(烁), 욱(煜) 등이 있다.

불이 존재하여 인류는 흑암에서 광명으로 나아갔고, 추위에서 따뜻함으로 향했다. 불이 인류 사회 발전에 얼마나 중요한지는 자명하며, 이러한 중요성은 한자 '송(送)'에도 숨어 있다. '송'은 소전으로 라고 쓴다. 왼쪽은 걷는 것을 나타내며 오른쪽은 양손에 불씨를 받들고 있는 것을 나타낸다. '송'의 의미는 바로 불씨를 다른 사람에게 보내는 것이다. 고대에 불은 귀한 선물로 여겨졌다.

중국 허난성 상추는 중국 불 문화의 발상지로 여겨지며 '중국 불 문화의 고장'이라고 불린다. 먼 옛날에 이곳에서 한 총명하고 지혜로운 자가 나무를 문질러 불씨를 얻는 기술을 발명했고, 그때부터 이곳의 사람은 자연의 불씨에 더 이상 의존하지 않고 인공 불을 얻는 법을 배웠다. 사람은 익힌 음식을 먹기 시작했으며, 질병의 발생이 줄어들었다. 현지인은 이 사람에게 고마워하며 그를 왕으로 받들었다. 나무를 문질러 불을 얻는 데 사용되는 목재는 대부분 부싯나무(燧木)였다. 따라서 사람들은 그를 '수인씨(燧人氏)'라고 하였으며 후대에는 '화조(火祖)'로 추앙받았다. 이로 인해 허난성 상추는 최초로 인공 불을 얻은 곳이 되었다. 불을 얻는 기술의 발명은 먼 옛날 인류가 새·짐승 따위를 털도 뽑지 않고 피도 씻지 않고 먹는 시대를 마감지었다. 인류 사회는 점차 야만에서 개화로 나아갔으며 천천히 야수와 구별되어 화하 문명의 씨앗에 싹이 트기 시작했다.

衍生字 파생자

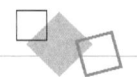

炎　　由两个"火"字会意，本义是火光向上升腾，引申为炎热、酷热。

두 개의 '화(火)'로 회의되었다. 본래 의미는 불이 위로 솟아오르는 것이고 '무덥다', '매우 덥다'의 의미로 확장되었다.

炙　　由火、肉会意。"炙"的上部分是"肉"字，肉在火上烤，本义即是烧烤。

화(火)와 육(肉)으로 회의되었다. '자(炙) 상단은 '육(肉)'으로 고기를 불에 굽는다는 것이다. 본래 의미는 '불에 굽다'이다.

炅　　由火、日会意。太阳与火是物体之中最为有光芒者，本义即是光芒外现，引申为明亮、光亮。

화(火)와 일(日)로 회의되었다. 태양과 불은 물체 중 가장 빛이 나는 것으로 본래 의미는 '빛이 밖에서 발현되다'이다. 이는 '환하다' 및 '밝다'의 의미로 확장된다.

灰　　由火、又会意。"灰"字的篆体右上部分是一个表示手的"又"字，意思是火已经熄灭，可以用手去拿，本义是火燃烧后剩下的灰烬。

화(火)와 우(又)로 회의되었다. 회(灰)' 전서체 오른쪽 상단에는 손을 나타내는 '우'가 있다. 이는 불이 꺼졌으니 손으로 들 수 있다는 뜻이다. 본래 의미는 불이 연소한 후 남은 재이다.

河南省商丘市燧皇陵景区内燧人氏手握火种的雕像。石碑上所刻文字为:"万古一帝天皇燧人氏"。
허난성 상추시 수황릉 경승지 내 수인씨가 불씨를 쥐고 있는 조각상이다.
비석에 새겨진 글은 "민고일제 천황 수인씨"이다.

气(氣) 기

气, 云气也。
기(气)는 운기(云气)이다.

甲骨文갑골문	金文금문	小篆소전	隶书예서	楷书해서
三	气	气	氣	氣

"气"是象形字，甲骨文字形是上下三条线，这三条线各有深意。上面的横线表示天，下面的横线表示地，中间的横线表示天地之间的气流。≪说文解字≫说："气，云气也。""气"的本义即是空气中流动的云气。"气"的甲骨文三和数字"三"的甲骨文 三极相似，容易混淆，为了区别两字，"气"字在金文的时候发生了变化，上面的横线往上拉，表示气流向天上飘，下面的横线往下拉，表示气流向地下流。金文突出了气体上下运行的样子，到了小篆的时候字形则更加形似气流飘动的样子。

　　这里要特别说明一下汉字"气"与"氣"的关系。"气"现在用作"氣"的简体字，但其实"气"与"氣"在古代不是一个字，意思也不相同。"氣"在古代读作xì，"气"是声旁，"米"是形旁，形声字，本义是馈赠给客人粮食。后来"氣"用作了表示云气的"气"，读音才从表示粮食的 "xì" 变成表示云气的"qì"。由于米与食物相关，又重新造了一个"餼"用来代替"氣"，读音仍然读"xì"，简体字为"饩"。

　　另外，汉字"乞"与"气"字形很相似，这两个字也有很大的关联。"乞"的本义是向人求讨，原本是没有"乞"这个字的，由于"乞"与"气"读音相同，就把"气"借用为"气讨"，也就是说"气"是"乞"的本字。我们把这样的汉字用字法叫做"假借"，即是借用已有的音同或音近的字来代表所想表达的字义。后来为了区别云气的"气"，就把中间的一横省略了，变成了"乞"。

　　"气"从表示本义的云气又引申出其它的意思，泛指一切气体，如"空气"、"氧气"、"水蒸气"等。跟气体相关的汉字，都从气，如氧、氢、氮、氟、氦等字。

　　天地间除了流动的气还有活着的人，人靠着吸进呼出这一口气，生命得以延续，因此"气"又可以引申为呼吸之气。而气在人体中运行，会产生一定的能量，我们称其为"气场"，"气"又可以引申为能量之气。中国古人又叫人常养"浩然之气"[3]，修养气之功，这里所养之气指人的精神之气，我们称为"精气"。古人认为人的精气是向善的，充满了正义与仁义，此气具有极端浩大的能量，若人用坦荡的胸怀去栽培滋养它，使其浩大而无

---

[3] "浩然之气"出自≪孟子≫一书。≪孟子·公孙丑上≫："我知言，我善养吾浩然之气。""敢问何谓浩然之气？"曰："难言也。其为气也，至大至刚，以直养而无害，则塞于天地之间。其为气也，配义与道；无是，馁也。是集义所生者，非义袭而取之也。行有不慊于心，则馁矣。"

边，那么正义之气就会充塞于天气之间。

'기'는 상형자이다. 갑골문자형은 상하 3개의 선으로 이루어져 있고 이 3개의 선은 각각 깊은 뜻이 있다. 위의 가로줄은 하늘을, 아래의 가로줄은 땅을, 가운데의 가로줄은 하늘과 땅 사이의 기류를 나타낸다. 『설문해자』에는 '기(气)는 운기(云气)이다'라고 쓰여 있다. '기'의 본래 의미는 공기 중 흐르는 운기이다. '기'의 갑골문은 숫자 삼(三)'의 갑골문 ≡과 매우 유사하여 혼동하기 쉽다. 두 글자를 구별하기 위해 '기'자가 금문에서 바뀌었다. 위의 가로선이 위로 당겨져 기류가 하늘로 흘러간다는 것을 뜻하고, 아래의 가로선이 아래로 당겨져 기류가 지하로 흘러간다는 것을 뜻한다. 금문에서의 '기'는 기체가 위아래로 움직이는 모습을 부각시켰고, 소전에 이르러 글자 모양이 더욱 기류가 흐르는 모습을 닮게 되었다.

한자 '기(气)'와 '기(氣)'의 관계는 다음과 같다. '기(气)'는 현재 '기(氣)'의 간체자로 쓰이지만, 사실 고대에는 '기(气)'와 '기(氣)'가 한 글자도 아니었고 의미도 달랐다. 고대에 '기(氣)'는 xì로 읽혔다. '기(气)'는 음을 나타내는 부분이고, '미(米)'는 뜻을 나타내는 부분으로 형성자이며, 본래 손님에게 선물하는 곡식을 뜻했다. 나중에 '기(氣)'가 운기를 뜻하는 '기(气)'로 쓰이자, 독음이 곡식을 뜻하는 'xì'에서 운기를 뜻하는 'qì'로 바뀌었다. '미(米)'은 음식과 관련이 있기 때문에 '기(氣)'를 대체하기 위해 '희(餼)'를 만들었다. '희(餼)'는 여전히 'xì'로 읽고, 간체자는 '희(饩)'이다.

또한 한자 '걸(乞)'과 '기(气)'의 자형도 아주 비슷하다. 이 두 글자도 매우 큰 연관성이 있다. '걸(乞)'의 본래 의미는 남에게 구걸한다는 뜻이다. 원래는 '걸(乞)'이라는 글자가 없었는데 '걸(乞)'과 '기(气)'독음이 같아서 '기(气)'를 '기토(气讨)'로 차용했다. 즉, '기(气)'가 '걸(乞)'의 본자이다. 우리는 이러한 한자 사용법을 "가차"라고 부른다. 이는 기존에 음이 같거나 음이 비슷한 글자를 차용하여 표현하고자 하는 글자의 뜻을 나타내는 것을 의미한다. 나중에 운기의 '기(气)'를 구별하기 위해 중간의 가로줄을 생략하고 '걸(乞)'로 바꾸었다.

'기(气)'는 본의를 나타내는 운기에서 다른 의미를 끌어들여 일반적으로 모든 기체를 나타낸다. 예를 들어, '공기', '산소(氧氣)', '수증기' 등이 있다. 기체와 관련된 한자는 모두 '기(气)'에서 비롯되는데, 산소(氧), 수소(氢), 질소(氮), 불소(氟), 헬륨(氦) 등이 있다.

천지간에는 흐르는 기를 제외하고도 살아 있는 사람이 있는데, 사람이 숨을 들이마시고 내쉬면서 생명이 이어지기 때문에 '기(气)'는 호흡의 기로 이어질 수 있다. 기는 인체에서 작동하며 일정 에너지를 생성하는데, 우리는 이를 '기장'이라고 한다. '기(气)'는 에너지의 기로도 이어질 수 있다. 또 고대 중국 사람들은 사람들에게 '호연지기'[4]를 기르며 기의 공을 기르도록 했다. 여기서 말하는 기는 인간의 정신적 기를 가리키며 우리는 이를 '정기'라고 부른다. 고대 사람들은 인간의 정기가 선행을 향하고 있으며, 정기가 정의와 인의로 가득 차 있다고 여겼다. 이 기는 지극히 큰 에너지를 가지고 있다. 만약 사람이 사리에 밝은 마음으로 그것을 가꾸고 자양하여 광대무변하게 만든다면 정의의 기운이 하늘의 기운 사이에 가득 찰 것이라는 것이다.

---

4) '호연지기'는 『맹자(孟子)』에서 나왔다. 『맹자・공손추상』: "나는 (남의) 말을 알며, 나의 호연지기를 잘 기른다.", "감히 여쭙겠습니다. 무엇을 호연지기라고 합니까?" (맹자께서) 말씀하시기를, "말로 하기 어렵다. 그 기는 지극히 크고 지극히 강한데, 곧게 길러서 해치는 것이 없으면 천지사이에 가득 차게 될 것이다. 그 기는 정당함과 도리에 들어맞아야 하며, 그렇지 않으면 (호연지기가) 위축된다. 이는 정당함이 모여서 생겨나는 것이지, 정당함이 몰래 습격한다고 해서 취해지는 것이 아니다. 행하고서 마음에 흡족하지 않는 것이 있으면 (호연지기가) 위축된다."

衍生字 파생자

氛

"气"表义，"分"表声，形声字。古代迷信，常通过观测云气来预测事物的吉凶。"氛"的本义是体现吉凶的云气，多用来指凶气，现在常用作气氛、氛围之义。

'기(气)'는 뜻을 나타내고 '분(分)'은 소리를 나타내며 형성자이다. 고대의 미신은 흔히 운기를 관측하여 사물의 길흉을 예측하였다. '분(氛)'은 본래 길흉을 나타내는 운기를 뜻하는 것으로, 흉기(凶气)를 뜻하는 말로 많이 쓰이며, 현재는 분위기(气氛), 정세(氛围)의 의미로 많이 쓰인다.

氧

"气"表义，"羊"表声，形声字。"氧"就是氧气，是人和动植物呼吸所必需的气体。这些都是后来随着科学技术的发展，认识的事物逐渐增多而造出来的新字。

'기(气)'는 뜻을 나타내고 '양(羊)'은 소리를 나타내며 형성자이다. '양(氧)'는 산소로 사람과 동식물의 호흡에 필수적인 기체이다. 이 글자들은 모두 훗날 과학기술의 발달로 알게 된 것들이 점차 많아지면서 새로 만들어진 글자들이다.

氢(氫)

"气"表义，"巠"是輕(轻)的省字，"巠"既表声也表义，形声兼会意字。"氢"是已知气体元素中最轻的一种气体。

'기(气)'는 뜻을 나타내고, '경(巠)'은'경(轻)'을 생략한 글자인데, '巠'은 소리와 뜻을 모두 나타내고 형성자이자 회의자이다. '경(氢, 수소)'는 알려진 기체 원소 중 가장 가벼운 기체이다.

氮

"氮"即是氮气。最初"氮气"写作"淡气"，后来加上了形旁"气"，省略了"淡"字的 氵(三点水)，以"炎"作声旁，还是读作 dàn。

'담(氮)'은 질소이다. 처음에는 '氮气'를 '淡气'라고 썼다가 나중에 뜻을 나타내는 부분인 '气'를 더하고 "淡"의 氵(삼수변)를 생략했다. '炎'은 소리를 나타내는 부분이며 dàn으로 독음한다.

雨 우

雨, 水从云下也。
우(雨)는 물이 구름에서 떨어지는 것이다.

甲骨文갑골문	金文금문	小篆소전	隶书예서	楷书해서

"雨"是象形字，甲古文字形像是天上落下的水滴之形，《说文解字》对"雨"的字义与字形有详细的解释："雨，水从云下也。一象天，冂象云，水霝其间也。" 其本义就是下雨。从甲骨文到楷书，字形虽有所变化，但今天的"雨"字，仍然保有其象形特点，四点水滴之形依然可见。农业乃中国的立国之本，中国人常说"民以食为天"，见面打招呼时常用的一句口头禅是"你吃了吗？"。这些日常用语是长时间、世代累积的共同认识，可见农业生产对中国人的重要性。农业生产又与天气有极其密切的关系。古代常常是靠天吃饭，降雨量的多少决定农业收成的好坏，因此古代帝王经常举行祭祀仪式，祈求国泰民安、风调雨顺。因雨对中国农业社会的重要作用，古人产生了对雨的崇拜，"祈雨"仪式也成为古代常常举行的一种或官方，或民间的祭祀活动。古代为求雨而举行的乐舞祭祀称为"雩"，古文字写作雩，上面是"雨"字，下面是"亏"字。"亏"是 "竽"的初文，"竽"是一种古代的乐器，"雨"在上，"亏"在下，组合成字，正是为我们描绘了一副古代先民用歌舞求雨祭祀的欢庆画面。

汉字"露"，以"雨"作偏旁，润泽之义。当受人恩惠时，我们常说"雨露之恩"，意思是像雨露滋养万物般的恩情。雨生百谷，润泽万物，唐代诗人杜甫名诗《春夜喜雨》中赞美雨"润物细无声"。在古人心中，雨是给予生命的圣神之水，万物因雨而生，因雨而长，因而"雨"就用来象征大自然给人类的恩惠，引申为恩泽之意。雨水从天而降，多而密，"雨"又可引申为众多，密集的意思。成语"雨后春笋"表示新事物大量地涌现出来；"枪林弹雨"意思是枪弹像下雨般落下，形容战斗激烈。

雨作为部首，从雨的字多与下雨、天气或天空有关，如雪、震、霹、雹、雷、雾、霆等等。

'우'는 상형자이다. 갑골문자형은 하늘에서 떨어지는 물방울의 형상을 하고 있다.『설문해자』에서는 "우(雨)는 물이 구름에서 떨어지는 것이다. 위의 가로줄은 하늘을 닮았고, 경(冂)은 구름을 닮았다. 물이 부슬부슬 떨어진다."라며 '우'의 의미와 자형에 대해 상세한 해설을 하고 있다. 본래 의미는 '비가 내리다'이다. 갑골문에서 해서까지 자형은 변화가 있었지만 오늘날의 '우'는 여전히 상형의 특징을 유지하고 있다. 네 개의 물방울 모양도 여전히 볼 수 있다. 농업은 여전히 중국이라는 나라를 세우는 바탕이다. 중국인은 흔히 '백성은 식량을 하늘로 여긴다'라고 하며, 만나서 인사할 때 흔히 '너 먹었어?'라고 한다. 이러한 일상 용어는 오랜 시간과 세대에 걸쳐 축적된 공통 인식으로, 농업 생산이 중국인에게 얼마나 중요한지 알 수 있다. 농업 생산은 날씨와 밀접한 관계가 있다. 고대에는 하늘에 의지해 밥을 먹곤 했다. 강우량의 많고 적음에 따라 농업 수확의 좋고 나쁨이 결정되었기 때문에 고대 제왕은 자주 제사를 지내며 국태민안과 우순풍조를 기원했다. 비가 중국 농업 사회에 중요한 역할을 했기 때문에 고대인은 비를 숭배했다. '기우'의식은 고대에 자주 거행되는 일종의 공식적인 혹은 민간에서 진행되는 제사 활동이었다. 고대에 기우를 위해 거행된 악무 제사를 우(雩)'라고 불렀는데 고문자는 ☂라고 쓴다. 위에는 '우(雨)'이고 아래는 '우(于)'이다. '우(于)'는 '우(竽)'의 초기 문자이다. '우(竽)'는 고대의 악기인데, '우(雨)'를 위로, '우(于)'를 아래로 하여 글자를 조합했다. 이는 고대 조상들이 노래하고 춤추며 비를 기원하고 제사 지내는 즐거운 모습을 표현하고 있다.

한자 '로(露)'는 '우(雨)'를 편방으로 두고 있으며 '적시다'라는 뜻이다. 은혜를 받을 때 우리는 흔히 '우로지은(雨露之恩)'이라고 한다. 이는 우로가 만물을 자양하는 것과 같은 은혜라는 뜻이다. 비는 백곡을 낳고 만물을 적신다. 당나라 시인 두보의 유명한 시 『춘야희우(春夜喜雨)』 중에서는 비를 '소리없이 만물을 적시네(润物细无声)'라며 찬미한다. 고대인의 마음속에서 비는 생명을 주는 성신의 물이다. 만물은 비로 인해 생기고 비로 인해 자란다. 따라서 '우'는 대자연이 인간에게 주는 은혜를 상징하며, 은택의 뜻으로 확장된다. 빗물은 하늘에서 내리며, 많고 빽빽하다. '우'는 '많다' 및 '밀집하다'는 의미로 확장될 수 있다. 성어 '우후춘순(雨后春笋)'은 새로운 사물이 대량으로 쏟아져 나온다는 의미이고, '창림탄우(枪林弹雨)'는 총탄이 비 오듯 떨어진다는 뜻으로 전투가 격렬하다는 의미이다.

비는 부수로 작용하는데, 주로 비가 내리는 것과 날씨 혹은 하늘과 관련이 있다. 예를 들어, 설(雪), 진(震), 력(雳), 박(雹), 뢰(雷), 무(雾), 정(霆) 등이 있다.

衍生字 파생자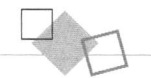

 电(電)

　　由雨、申会意，"申"是"电"的本字。古文字"电"字的下部像是裂开的闪电，上面加上"雨"，表示雷雨中夹杂着闪电，本义即是闪电。

　　우(雨)와 신(申)으로 회의되었다. '신'은 '전(电)'의 본래 글자이다. 옛 문자 '전(电)'의 하단은 갈라진 번개처럼 생겼고, 상단에는 '우(雨)'를 더해 뇌우 속에 번개가 섞여 있음을 나타낸다. 본래 의미는 번개이다.

 雹

　　"雨"表义，"包"表声，形声字。古文字"雹"字上面表示雨水，下面表示冰球。"包"字也表义，包裹的意思，表示雨水中包裹着冰球，本义是冰雹。

　　'우(雨)'는 뜻을 나타내고, '포(包)'는 소리를 나타낸다. 형성자이다. 옛 문자 '박(雹)'자의 상단은 비를, 하단은 얼음 덩어리를 나타낸다. '포(包)'도 뜻을 나타낸다. 감싼다는 뜻인데, 이는 빗물에 얼음덩어리가 싸여있다는 뜻이다. 본래 의미는 우박이다.

 露

　　"雨"表义，"路"表声，形声字。雨水滋润万物，本义是露水。

　　'우(雨)'는 뜻을 나타내고, '로(路)'는 소리를 나타낸다. 형성자이다. 빗물은 만물을 촉촉하게 만든다. 본래 의미는 이슬이다.

 霜

　　"雨"表义，"相"表声，形声字。古文字的"霜"字上面是雨水，下面像是枯萎的植物，表示雨水结冰使得植物枯萎，本义是冰霜。

　　'우(雨)'는 뜻을 나타내고, '상(相)'은 소리를 나타낸다. 형성자이다. 옛 글자 '상(霜)'의 상단은 빗물이고 하단은 시든 식물과 닮았다. 이는 빗물이 얼어서 식물이 시든다는 것을 의미하는데, 본래 의미는 얼음과 서리이다.

6
其他 기타

言	白	力	八	王
언	백	력	팔	왕

言 언

直言曰言，论难曰语。
직접 말하는 것은 언(言)이고, 논박하는 것은 어(语)이다.

甲骨文갑골문	金文금문	小篆소전	隶书예서	楷书해서

"言"是指事字,甲骨文、金文、小篆三种古文字形都可以看出下部像是人的口,中间部分像是人的舌头,舌头上加上一横是指示符号,表示声音通过舌尖发出。从字形来看,"言"的本义就是指发出声音,即是说话。《说文解字》也是如此解释,但认为从人口中说出来的话又有别。《说文解字》说:"直言曰言,论难曰语。"可见,同样是说话,称谓的不同显示了语言的高低有别。现代汉语常把"言"和"语"合称为"言语"或是"语言",这两个词的先后顺序一调换,含义便不同。"言语"着重在"言",强调从嘴巴里讲出来的话;"语言"着重在"语",强调讲话的方法。我们常说"语言是一门艺术","言"和"语"两者虽都指说话,但指向不同,"语"是比"言"更高一级的语言,是带有说话人主观意识辩论性的话语。

"言"的甲骨文字形舌由"辛"和"口"构成。"辛"的甲骨文写作У,字形犹如一把尖刀,这种刀是古代用以处罚犯人的刑具。古代人犯大罪时,用它割去罪人的耳鼻或是在面颊刺字,所以"辛"的本义是刑刀的意思,又引申为犯罪,或指罪恶。"言"由"辛"与"口"构成,也是在警示人们说话要有分寸,需谨慎,否则就会遭祸或得罪人。成语"谨言慎行"便是告诉人们说话要谨慎,做事要小心;又说"祸从口出",也是警告人们如果说话不谨慎就会招致灾祸。古人认为说出来的话应该是传达真理,传递道德的美言,所以"言"作为部首(简化部首写作"讠"),从言的字除了表示说话,如语、谈、谓、诵等,还与道德品格相关。"诚"字,"言"在左边,表示真心诚实;"信"字,左边为"人",右边为"言",表示做人说话要诚实不欺,要讲信用。另外,从言的字还可表示与语言相关的事物,如诗、词、谣等。

'언'은 지사자이다. 갑골문, 금문, 소전 세 가지 옛 글자 자형 모두 하단은 사람의 입과 닮았고 중간은 사람의 혀와 닮았다. 혀에는 가로줄이 있는데 이는 지시 부호로 소리가 혀 끝을 통해 나오는 것을 뜻한다. 자형으로 볼 때 '언'의 본래 의미는 소리를 내는 것, 즉 말하는 것을 뜻한다. 『설문해자』도 이렇게 해석을 했다. 하지만 사람의 입에서 나오는 말은 차이가 있다고 보았다. 『설문해자』에서는 "직접 말하는 것은 언(言)이고, 논박하는 것은 어(语)이다."라고 하였다. 똑같이 말을 하는 것이지만, 명칭의 차이는 언어의 높낮이가 다르다는 것을 보여준다. 현대 중국어는 '언'과 '어'를 합쳐서 '언어(言语)' 혹은 '어언(语言)'이라고 한다. 두 글자의 앞뒤 순서를 바꾸면 의미가 달라진다. '언어'는 '언'에 중점을 두고 입에서 나오는 말을 강조한다. 반면 '어언'은 '어'에 중점을 두고 말하는 방법을 강조한다. 우리는 흔히 '어언은 예술이다'라고 말한다. '언'과 '어' 모두 말하는 것을 가리키지만 지향점이 다르다. '어'는 '언'보다 한 단계 높은 언어이며, 화자의 주관적 의식이 담긴 논쟁적인 말이다.

'언(言)'의 갑골문 자형 은 '신(辛)'과 '구(口)'로 구성되어 있다. '신'의 갑골문은 이고, 자형은 마치 날카로운 칼처럼 생겼다. 이러한 칼은 고대에 범인을 처벌하기 위해 쓰는 형구였다. 고대인이 큰 죄를 지었을 때 해당 칼로 죄인의 귀와 코를 잘라내거나 뺨에 글자를 새겼다. 따라서 '신'의 본래 의미는 처벌할 때 쓰는 칼이며, 이는 범죄 또는 죄악의 뜻으로 확장되었다. '언'은 '신'과 '구'로 구성되는데 이는 사람들에게 분별 있게 말하고 신중해야 하며 그렇지 않으면 화를 입거나 미움을 살 수 있음을 경고하는 것이다. 성어 '근언신행(謹言慎行)'은 사람들에게 말을 할 때는 신중해야 하며 일을 할 때는 조심해야 한다는 것을 가르친다. 또한 '화종구추(祸从口出)'도 사람들에게 만약에 말에 신중하지 않으면 화를 부를 수 있다고 경고한다. 고대인은 말을 할 때 진리와 도덕을 전하는 덕담을 해야 한다고 생각했다. 따라서 '언(言)'을 부수(간략화된 부수는 '언(讠)'이라고 씀)대로 사용했고, 어(语), 담(谈), 위(谓), 송(诵) 등 말과 관련된 것 외에 성신(诚信) 등 도덕 품덕과 관련 있는 글자도 있다. '성(诚)'에서 '언(言)'은 왼쪽에 있으며 진심과 성실을 뜻한다. '신(信)'은 왼쪽에 '인(人)'이 있고 오른쪽에 '언(言)'이 있으며 사람이 말을 할 때는 성실하고 속이지 않아야 하며 신용을 중시해야 한다는 것을 의미한다. 또한 언으로 비롯된 글자는 언어와 관련된 것을 나타내는데, 예를 들어, 시(诗), 사(词), 요(谣) 등이 있다.

衍生字 파생자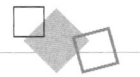

诗(詩)

"言"表义，"寺"表声，形声字，本义是用言语表达心志的一种文学体裁，即是我们通常所称的"诗歌"。中国唐代是诗歌发展的高峰，涌现了一大批著名诗人，如李白、杜甫等，他们留下的诗歌作品至今为世人所传颂。

'언(言)'은 뜻을 나타내고 '사(寺)'는 소리를 나타낸다. 형성자이다. 본래 의미는 언어로 마음을 표현하는 일종의 문학 체재로 우리가 흔히 부르는 '시가(詩歌)'이다. 중국 당대는 시가의 절정이었고 유명한 시인이 많이 배출되었다. 예를 들어, 이백과 두보 등이 있다. 그들이 남긴 시가 작품은 오늘날까지 세간에 칭송되고 있다.

训(訓)

"言"表义，"川"表声，形声字，本义是解说式的教导。"川"还可表义，"川"指河流，河流水滔滔不绝，贯通而流畅，暗含规则之意，有了规则就必定合乎其理，以"川"作声旁兼形旁意思是教导要顺乎其理。

'언(言)'은 뜻을 나타내고 '천(川)'은 소리를 나타낸다. 형성자이다. 본래 의미는 해설식의 가르침이다. '천'은 뜻도 나타낸다. '천'은 하류를 가리키는데 하류의 물은 도도히 흐르고 관통되고 원활하다. 이는 규칙의 뜻을 내포하고 있으며, 규칙이 있으면 반드시 그 이치에 부합한다. '천'을 소리 및 형태를 나타내는 편방으로 사용했을 때 뜻은 그 이치에 따라야 한다는 것이다.

计(計)

由言、十会意。"言"表示说话，"十"表示数字，两者结合表示商讨数字，本义即是计算。

언(言)과 십(十)으로 회의되었다. '언'은 말하는 것을 나타내며 '십'은 숫자를 나타낸다. 둘이 합쳐지면 숫자를 논한다는 것을 의미한다. 본래 의미는 계산이다.

 信

由人、言会意。人说话一定要真心诚意，讲真话，不可欺瞒。本义是言语真实，引申为诚实、信用。

인(人)과 언(言)으로 회의되었다. 사람이 말을 할 때는 반드시 진심으로 진실을 말해야 하며 속여서는 안 된다. 본래 의미는 말이 진실되는 것이며, 이는 성실과 신용의 의미로 확대된다.

白, 西方色也。阴用事, 物色白。
백(白)은 서쪽을 대표하는 색이다.
조문할 때 물품에 모두 백지를 붙여야 한다.

甲骨文갑골문	金文금문	小篆소전	隶书예서	楷书해서

"白"是象形字，其古文字义有多种说法。有人认为㊀像一团烛光燃烧的火苗形象；也有人认为㊀像是一粒稻米的形状；也有人认为㊀像是日光照射的形状。汉字在几千年的演变和传抄过程中，很难不发生讹误的情况，这就使得原来的字形发生了变化，字形一变，意思也就跟着变了，所以才会出现同一个字的不同解释。不管是火光、稻米还是日光，他们都呈现白色，所以"白"的本义就是白色。笔者更倾向于第三种解释，㊀像是日光照射的形状。古文字的"白"与"日"的字形㊀很相似，或许古人为了突出光照明亮的部分，特意把㊀字上面部分变尖，表示光线最明亮处。古人也经常使用"白昼"、"白日"来形容白天的样子，据此推断，"白"的古字形应该是和光照有关。

《说文解字》说："白，西方色也。阴用事，物色白。"这是从中国传统的五行思想上来解释。太阳从东方升起，西方落下，升起处代表新生、希望、阳光；沉落处代表死亡、绝望、阴寒。中国古人认为白色是代表西方的颜色，意味着寒冷与死亡，因此白色又是中国丧事所用之色。中国人去世吊丧时，所用物品均为白色，时至今日依然沿用此俗。

"白"还有光亮、明亮的意思，明亮的东西必定是纯洁无暇的，所以在中国人心里，白色除了是死亡、寒冷的代名词外，还代表纯洁善良，反之用黑色代表阴暗邪恶。黑与白这两种泾渭分明的颜色也成为中国人心中的一把道德标尺，我们常用"颠倒黑白"、"黑白分明"来形容事物的正与反、是与非。由光亮、明亮之义又引申出清楚明了的意思，如"明明白白"、"一清二白"中的"白"正是清楚明了的意思。

另外，在现代汉语中，"白"还常用作副词，表示徒然、没有效果的意思。比如"白说"、"白做"、"白吃"。

'백'은 상형자이며, 옛 글자의 의미에는 여러가지 설이 있다. 어떤 사람은 ㊀이 촛불이 타오를 때의 불꽃 모양을 닮았다고 하고, 어떤 사람은 ㊀이 쌀 한 톨 모양과 닮았다고 한다. 또 어떤 사람은 ㊀이 햇빛이 비치는 모양이라고 한다. 한사의 수천 년의 변천과 전사 과정 중 착오가 발생하지 않는 것은 아주 어렵다. 이로 인해 원래의 자형이 바뀌고, 자형이 바뀌면 의미도 따라서 변하기 때문에 같은 글자에 다른 해석이 나오게 된다. 불빛이든 쌀이든 햇빛이든 모두 흰색을 띠기 때문에 '백'의 본래 의미는 흰색이다. 필자는 백이 햇빛이 비치는 모양과 닮았다는 세 번째 견해의 입장이다. 옛 글자의 '백(白)'과 '일(日)'의 자형◎은 아주 비슷하다. 고대인이 빛이 밝게 비치는 부분을 부각시키기 위해 글자 ◎ 윗부분을 뾰족하게 만들어 빛이 가장 밝은 곳을 표시했는지도 모른다. 고대인은 '백주(白晝)'와 '백일(白日)'로 낮의 모습을 형용했다. 이로 미루어 봤을 때 '백'의 자형은 빛과 관련이 있는 것으로 추정된다.

『설문해자』에서는 "백(白)은 서쪽을 대표하는 색이다. 조문할 때 물품에 모두 백지를 붙여야 한다."라고 하였다. 이는 중국 전통의 오행 사상에서 해석한 것이다. 태양은 동쪽에서 뜨고 서쪽으로 진다. 떠오르는 것은 새로움, 희망, 햇빛을 대표하고, 지는 것은 죽음, 절망, 음한을 대표한다. 고대 중국인은 흰색이 서쪽을 대표하는 색이며 추위와 죽음을 의미한다고 여겼다. 따라서 흰색은 중국의 장례에 쓰이는 색이기도 하다. 중국인이 사망하여 문상할 때 사용하는 물품은 모두 흰색이며, 오늘날에도 여전히 이 풍습을 따르고 있다.

'백'은 '밝다'와 '빛난다'를 의미한다. 밝은 물건은 반드시 순결하고 티없이 깨끗하기 때문에 중국인의 마음속에서 흰색은 죽음과 추위의 대명사 외에 순결하고 선한 것을 뜻하며 반면에 검은색은 음침하고 사악한 것을 뜻한다. 흑과 백 이 두 가지 구별되는 색은 중국인의 마음속의 도덕적 잣대가 되었다. 우리는 종종 '전도흑백(顚倒黑白)', '흑백분명(黑白分明)'의 말로 사물의 정과 반, 옳고 그름을 형용한다. '밝다'와 '빛난다'의 의미에서 명백하고 명료하다는 의미로 확장된다. 예를 들어, '명명백백(明明白白)', '일청이백(一淸二白)' 중의 '백'은 명백하고 명료하다는 의미이다.

또한 현대 중국어에서 '백'은 부사로도 많이 쓰이는데, '헛되다', '효과가 없다'는 의미가 있다. 예를 들어 '헛되이 말하다(白说)', '헛되이 하다(白做)', '헛되이 먹다(白吃)'가 있다.

衍生字 파생자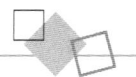

皎

"白"表义，"交"表声，形声字，本义是洁白明亮。洁白明亮之最者莫如月亮，所以常用"皎洁"来形容月亮之美，常说"月光皎洁"。

'백(白)'은 뜻을 나타내고 '교(交)'는 소리를 나타낸다. 형성자이다. 본래 의미는 희고 밝다는 것이다. 희고 밝은 것은 달이다. 따라서 '교길(皎洁, 희고 밝다)'로 달의 아름다움을 표현한다. 흔히 '달빛이 희고 밝다'라고 한다.

皙

"白"表义，"析"表声，形声字，本义是人的肤色洁白。形容一个人肤色美丽常说"皮肤白皙"。

'백(白)'은 뜻을 나타내고 '석(析)'은 소리를 나타낸다. 형성자이다. 본래 의미는 사람의 피부색이 희다는 듯이다. 사람의 피부색이 아름다운 것을 표현할 때 흔히 '피부가 백석(白皙)하다'라고 한다.

皑(皚)

"白"表义，"岂"表声，形声字，本义是洁白的霜雪。形容霜雪洁白常说"白雪皑皑"。

'백(白)'은 뜻을 나타내고 '개(岂)'는 소리를 나타낸다. 형용자이다. 본래 의미는 흰 서리눈이다. 서리와 눈이 하얀 것을 형용할 때 흔히 '백설애애(白雪皑皑)'라고 한다.

皓

"白"表义，"告"表声，形声字，本义是光明。"皓"的形旁原来是"日"，写作"晧"，本义是太阳出来无比光明的样子。由光明之义引申出洁白，形旁由"日"改为"白"，写作"皓"。

'백(白)'은 뜻을 나타내고 '고(告)'는 소리를 나타낸다. 형성자이다. 본래 의미는 광명이다. '호(皓)'의 뜻을 나타내는 부분은 본래 '일(日)'이었고 '호(晧)'라고 썼다. 본래 의미는 태양이 비할 데 없이 밝게 나오는 모습이다. 광명의 뜻에서 희다는 뜻이 나왔고, 뜻을 나타내는 부분이 '일(日)'에서 '백(白)'으로 바뀌어 '호(皓)'라고 쓴다.

力 력

力, 筋也。象人筋之形。治功曰力, 能圉大灾。

'력(力)'은 근(筋)이다. 사람의 근육 모양을 상형하였다. 다스림에 세운 공을 력이라고 하는데(治功曰力), 이는 큰 재해를 막아준다(能圉大灾).

ㄥ	ㄗ	𠠶	力	力
甲骨文갑골문	金文금문	小篆소전	隶书예서	楷书해서

"力"是象形字，甲骨字形像一种挖土用的尖头农具，上部形似手柄，下部尖头部分像是翻土用的器具，中间一横形似脚踏的横木，这大概是最原始最简单的农用工具形象了。甲骨文时代，冶铁技术尚未形成，那时候的农用生产工具是用大自然最容易获得的木头制作而成，并且生产工艺也极其简单，手柄、横木、尖头器具这样最简单的制作工具，成了当时人们最普遍、最常用的农具。金文和小篆的字形有所变化，下面用于翻土的尖头器具由单齿变为三齿，上面的手柄由直柄变为更易于抓握的弯柄。社会生产力进步的同时也促进了生产工具的进步，由简单到复杂的字形变化，其实也反映了社会由简单到复杂的发展变迁。

≪说文解字≫说："力，筋也。像人筋之形。""筋"是指肌肉伸缩所产生的张力，张力即是指力气或力量。但从字形上看，无论是甲骨文、金文还是小篆，都是一把用于耕地的农用器具之形，据字形推断，"力"的造字本义是耕种农具。耕种土地，从事农业生产当然需要力气，所以"力"又可引申为力气、力量，很多与力气、力量相关的汉字都采用力作为形旁，如：劲、功、助、动、勇等。≪说文解字≫的解释应当是"力"的引申义。

≪说文解字≫又说："治功曰力，能圉大灾。""治"就是治理的意思，指治理国家。治理国家需投入很多的精力，若治理得当，天下天平，那么这个治理之力就产生了功效，这就叫做"治功曰力"。"圉"同"御"，抵御的意思。治理国家的过程，不可能一帆风顺，当灾祸降临，这个"治理之力"便能抵御大灾大难，这就叫"能圉大灾"。

≪说文解字≫实际给出了"力"的两方面解释，一个是"筋"，这是指人的体力；一个是"功"，这是指人的心力。一个人所蕴含的能量应当是由体力与心力两方面组成的，体力有限，而心力无限。我们常说"尽心尽力"，即是说要尽自己的心去做事。从心力之义又衍生出潜力、想象力、创造力、能力等抽象意义的力；从体力之义又衍生出武力、权力等表示力量之力。我们常说"量力而行"，意思是根据自己的能力行事，不要做超越自己能力范围之外的事。

'력'은 상형자로 갑골문자형은 흙을 파는 뾰족한 농기구처럼 생겼다. 상단은 손잡이 모양이고 하단의 뾰족한 부분은 흙을 파는 기구처럼 생겼으며, 중간의 가로줄은 발을 디디는 가로로 된 나무이다. 이는 가장 원시적이고 가장 단순한 농기구 형상으로 보인다. 갑골문 시대에는 제철 기술이 아직 형성되지 않았다. 당시의 농업 생산 도구는 자연에서 가장 쉽게 구할 수 있는 나무로 만들어졌고, 생산 공정도 매우 간단했다. 손잡이, 가로로 된 나무, 뾰족한 기구 등 이렇게 간단한 생산 도구는 당시 사람들이 가장 보편적으로 자주 사용하는 농기구이다. 금문과 소전에서는 자형이 바뀌었다. 하단의 흙을 파는 뾰족한 기구는 튀어나온 부분이 한 개였지만 세 개로 바뀌었고, 상단의 손잡이는 곧은 손잡이에서 잡기 쉬운 굽은 손잡이로 바뀌었다. 사회 생산력이 진보함과 동시에 생산 도구도 진보하였다. 간단한 자형에서 복잡한 자형으로 변한 것은 사회가 간단함에서 복잡함으로 발전했다는 것을 반영한다.

『설문해자』에서는 "'력(力)'은 근(筋)이다. 사람의 근육 모양을 상형하였다."라고 하였다. '근(筋)'은 근육이 늘어지면서 생기는 장력을 뜻하며 장력은 힘이나 능력을 뜻한다. 그러나 자형으로 볼 때 갑골문, 금문, 소전을 막론하고 모두 밭을 갈기 위한 농기구의 자형으로 보인다. 자형으로 미루어 볼 때 '력'의 본래 의미는 밭을 가는 농기구이다. 토지를 경작하고 농업 생산에 종사하려면 당연히 힘이 필요하다. 그래서 '력'은 힘과 능력으로 확장될 수 있다. 힘 및 능력과 관련된 많은 한자는 력을 편방으로 두고 있다. 예를 들어, 경(勁), 공(功), 조(助), 동(动), 용(勇)이 있다. 『설문해자』의 해석은 '력'의 확장된 의미이다.

또한 『설문해자』에서 "다스림에 세운 공을 력이라고 하는데(治功曰力), 이는 큰 재해를 막아준다(能圉大灾)"라고 하였다. '치(治)'는 다스린다는 뜻으로 나라를 다스리는 것을 가리킨다. 나라를 다스리는 데는 많은 노력이 필요하다. 제대로 다스리고 천하가 천평하면 다스리는 힘이 효과가 나타나는데 이를 '치공왈력(治功曰力)'이라고 한다. '어(圉)'는 '어(御)'와 같고, 방어라는 뜻이 있다. 나라를 다스리는 과정이 항상 순탄할 수는 없다. 재앙이 다치면 '치공왈력'이 큰 재난을 막아준다. 이것이 바로 '능어대재(能圉大灾)'이다.

『설문해자』는 실제로 '력'에 대해 두 가지 해석을 내놓았다. 하나는 '근(筋)'으로 사람의 체력을 나타내고, 하나는 '공(功)'으로 사람의 심력을 나타낸다. 사람이 가진 힘은 체력과 심력으로 구성되어야 한다. 체력은 한계가 있지만 심력은 한계가 없다. 우리는 늘 '진심진력(尽心尽力)'이라고 말한다. 즉, 자신의 마음을 다해서 일을 하라는 것이다. 심력의 의미에서는 잠재력, 상상력, 창의력, 능력 등 추상적인 의미의 힘이 파생되며, 체력의 의미에서는 무력, 권력 등 힘이 파생된다. 우리가 흔히 말하는 '양력이행(量力而行)'의 뜻은 자신의 능력에 따라 행동하고 자신의 능력 밖의 일을 하지 말라는 것이다.

衍生字 파생자

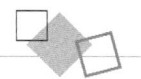

功

由力、工会意，"工"也表声，会意兼形声字。"工"表示做工作，"力"表示花力气，两者结合就是用力气做工作。用力气做出来的工作必定有所成绩，其本义就是功绩、功劳。

력(力)과 공(工)으로 회의되었으며, '공(工)'은 소리를 나타낸다. 회의자이자 형성자이다. '공'은 일하는 것을 의미하고 '력'은 힘을 쓰는 것을 의미한다. 이 둘이 결합하면 힘을 다해 일을 하는 것을 의미한다. 힘껏 해낸 일은 반드시 성과가 있어야 한다. 본래 의미는 바로 공적 및 공로이다.

动(動)

"力"表义，"重"表声，形声字，本义是起身行动。起身行动必用力，所以从力。古文字还写作 ，形旁是"走"，起身行动必行走，所以形旁用"走"。

'력(力)'은 뜻을 나타내고, '중(重)'은 소리를 나타낸다. 형성자이다. 본래 의미는 일어나 행동한다는 뜻이다. 일어나 행동하기 위해서는 반드시 힘을 써야 한다. 따라서 력으로 비롯됐다. 옛 글자는 라고 쓰는데, 뜻을 나타내는 부분은 '주(走)'이다. 일어나서 행동하기 위해서는 반드시 걸어야 하기 때문에 '주'로 뜻을 나타냈다.

劣

由力、少会意。力气少就是弱小，本义即是弱小。

력(力)과 소(少)로 회의되었다. 힘이 적으면 약하다. 본래 의미는 '약하다'이다.

劫

由力、去会意。人欲离开，用力量阻止胁迫不让其离开就是"劫"。本义是强取、掠夺，引申为威胁、威逼。

력(力)과 거(去)로 회의되었다. 사람이 떠나려고 할 때 힘으로 막아 떠나지 못하게 하는 것이 '겁(劫)'이다. 본래 의미는 갈취 및 약탈이며, 위협 및 협박의 의미로 확대된다.

八 팔

八, 別也。象分別相背之形。
八(팔)은 이별(別)이다. 서로 등을 돌린 모습과 닮았다.

八	八	八	八	八
甲骨文갑골문	金文금문	小篆소전	隶书예서	楷书해서

"八"是指事字，甲骨文字形两条弧形线条分开相背。≪说文解字≫说："八，别也。象分别相背之形。""别"，分别之义，"八"字的两条弧线分则为"八"，合则为"人"。两人分手，必背道而行，故用相背之形来表示"八"的分别之意，后来"八"借为数字，表示8的数量。为了强化"八"的分别本义，又在其下加"刀"，写作"分"。刀切开物体必然断开分离，所以"分"的本义与"八"相同，都表示分开之义，用"八"作形旁的字多与切开，分离有关。"公"，公家、集体之义。集体之内讲究公平、均衡，要均衡就需平分，所以"公"表示平分。"八"的字形古今变化不大，都是用一左一右分开的两笔来表示"分"的意思。"八"是少数从古字到今字字形基本没有变化的汉字之一。

"八"作为独体字使用时，表示数字8。8这个数字对中国人实有深意。中国人独爱偶数，偶数寓意"双"，常说"好事成双"。8表示数字时，是个位数中最大的偶数，因此又引申指量大、多，或表示多数、多次。"四通八达"指有很多路可以通行；"四面八方"指各个方面；"五花八门"意为种类繁多。

中国古代是一个极重礼节的社会，贵族与平民之间有着极其清楚明了的等级划分，这些礼节等级的外在表现常常体现在器物用具的数量上。古人以八为数之大者，大者乃为尊，古代最尊者为天子，所以八在古代是天子用的数量级别。"八佾"是一种中国古代表示社会地位的乐舞等级制度，"佾"指行列，一佾为八人，八佾就是六十四人，这是只有天子才能享用的乐舞规格。天子之下的诸侯用"六佾"，卿大夫用"四佾"，士用"二佾"，各有分别，越礼叫"逾制"。"簋"是一种古代装食物的容器，也是重要的祭祀用礼器。据规定，祭祀时天子享用"八簋"，诸侯用"六簋"，大夫用"四簋"，士用"二簋"，各有规定，不可"逾制"。到了现代，"八"与"发"谐音，"发"又意寓发财致富，因此"八"成为中国人最喜爱的吉利数字。5)

---

5) 数字在被称为"礼"的这一套反映等级秩序的权威中有着浓厚的象征意义。在跨越几千年的历史长河里，它之于古代与现代，存在体验感是有天壤之别的。也就是说，当下的我们，随着时代变迁，社会环境巨变，那个通常用数字来象征的神秘、权威、秩序、等级的社会我们已无法感知与体验，面对这些简单或复杂的数字符号时，只能获取当下社会环境的感知与体验，而无法体会几千年前那些数字符号存在的意义。"礼"这一套被中国人发明出来维护社会安定，权力延续的程序规则，通常经由葬礼、祭祀、婚礼、冠礼、射礼等诸多外在礼仪仪式来表现，而这些仪式中用来区分身份、等级、尊卑、贵贱的社会秩序，又通常借由数字来表现其概念。数量的混乱意味着社会秩序的混乱，社会秩序的混乱又极易触发天下的崩溃，所以当孔子看到

'팔'은 지사자이며, 갑골문자형은 두 개의 아치형 선이 분리되어 서로 등지고 있는 모양이다. 『설문해자』에서는 "팔은 이별이다. 서로 등을 돌린 모습과 닮았다."라고 했다. '별(別)'은 헤어진다는 의미로, '팔'자의 두 개의 아치형 선이 떨어지면 '팔'자이고 합쳐지면 '인(人)'자이다. 두 사람이 헤어지면 반드시 서로 등을 돌리기 때문에 서로 등진 모양으로 '팔'의 이별의 의미를 나타냈고 후에 '팔'을 숫자로 차용하여 8의 수를 나타냈다. '팔'의 이별의 의미를 강화하기 위해, 아래에 '도(刀)'를 추가해 '분(分)'자가 만들어졌다. 칼로 물체를 자르면 물체가 필연적으로 분리되기 때문에 '분'의 본래 의미는 '팔'과 동일하며 모두 분리의 의미를 나타낸다. '팔'의 뜻을 나타내는 부분은 대부분 절개 및 분리와 관련이 있다. '공(公)'는 국가나 공공단체, 집단의 의미가 있다. 집단 내에서는 공평과 균형을 중시하고, 균형을 이루려면 균등하게 나누어야 하므로, '공'은 균등하게 나눈다는 것을 의미한다. '팔'의 자형은 예전이나 지금이나 크게 변하지 않았는데, 모두 왼쪽과 오른쪽으로 나뉜 두 획으로 '분(分)'을 뜻한다. '팔'은 옛 글자에서 오늘날의 글자까지 자형이 거의 변하지 않은 소수의 한자 중 하나이다.

'팔'을 독체자로 사용할 때 숫자 8을 나타낸다. 8이라는 숫자는 중국인에게 깊은 뜻이 있다. 중국인들은 짝수를 사랑하는데, 짝수는 '쌍'을 의미하며, 흔히 '좋은 일은 쌍을 이룬다'고 말한다. 8은 숫자를 나타낼 때 한 자릿수 중 가장 큰 짝수이므로, 양이 크고 많은 것을 의미하거나 다수, 여러 차례를 의미한다. '사통팔달(四通八达)'은 통행할 수 있는 길이 많다는 뜻이고, '사면팔방(四面八方)'은 각 방면을 뜻하며, '오화팔문(五花八门)'은 종류가 많다는 뜻이다.

중국 고대는 예절을 매우 중시하는 사회로 귀족과 평민 사이에 매우 명확힌 등급 구분이 있었다. 이러한 예절 등급은 외부에서 종종 용구 및 도구의 수량으로 나타난

鲁国大夫季氏在自家庭院跳天子才能跳的"八佾舞"时, 气到忍无可忍地说:"八佾舞于庭, 是可忍也, 孰不可忍也。"关于这一部分内容, 请参见《礼记》一书中的《礼运》、《礼器》两篇, 里面有对"礼"的起源、发展、演变、完善以及各种礼仪数量使用规制的极其详尽地说明。读完后我们大概就能体会中国人为何如此重"礼", 而那些在现代社会里看似稀松平常的数字, 在那个特定的时代又被赋予了何种神秘的、庄严的象征意义。

다. 고대 사람들은 8의 수로 큰 사람을 나타냈고, 큰 사람을 존경했다. 고대 때 가장 존경했던 사람은 황제였으므로 8은 고대에서 황제가 사용하는 숫자였다. '팔일(八佾)'은 고대 중국에서 사회 지위를 나타내는 악무 등급 제도이다. '일(佾)'는 행렬을 가리키며, 1일은 8인으로 구성된다. 즉, 8일은 64명이며, 이는 천자만이 즐길 수 있는 악무 규격이었다. 황제 아래의 제후는 '육일(六佾)'을, 경대부는 '사일(四佾)'을, 선비는 '이일(二佾)'을 사용하는 등 구별이 있었으며 상궤를 벗어나면 '유제(逾制)', 즉 규정에 위반되는 일이라고 하였다. '궤(簋)'은 고대 음식을 담는 용기이자 중요한 제사용 예기이다. 규정에 따르면 제사를 지낼 때 황제는 '팔궤(八簋)'를, 제후는 '육궤(六簋)'를, 대부는 '사궤(四簋)'를, 선비는 '이궤(二簋)'를 사용하는데 각각 규정이 있어서 이를 위반하면 안 됐다. 현대에 와서 '팔'은 '발(发)'과 비슷한 음을 가지고 있는데 '발' 또한 부자가 되는 것을 의미하기 때문에 '팔'는 중국인들이 가장 좋아하는 길한 숫자가 되었다.6)

---

6) 숫자는 위계질서를 반영하는 예(礼)라는 권위 속에 상징성이 짙다. 수천 년을 뛰어넘은 긴 역사 속에서 숫자의 체험감은 고대와 현대를 막론하고 천양지차다. 즉, 오늘날 우리는 시대가 변하고 사회 환경이 급변함에 따라, 보통 숫자로 상징되는 신비, 권위, 질서, 등급의 사회는 우리가 감지하고 경험할 수 없으며, 이러한 단순하거나 복잡한 숫자 기호들을 마주할 때, 현재 사회 환경의 감지와 체험만 얻을 수 있을 뿐, 수천 년 전의 숫자 기호들이 존재했던 의미를 느낄 수 없다. 예(礼)는 중국인에 의해 발명된 사회 안정과 권력의 연속을 위한 절차적 규칙으로, 장례·제사·혼례·관례·사례 등 많은 외적 의례를 통해 표현되며, 이러한 의식 중 신분·등급·존비·귀천을 구분하는 데 사용되며 사회질서를 숫자로 표현하기도 한다. 수량의 혼란은 곧 사회질서의 혼란을 의미하고, 사회질서의 혼란은 천하의 붕괴를 촉발하기 쉽기 때문에 공자는 노나라 대부 계씨가 자기 집 뜰에서 황제만이 추는 '팔일춤'을 추는 것을 보고는 '가묘의 뜰에서 팔일무를 추니, 이것을 너그러이 용서한다면 누군들 용인하지 못하겠는가?'라고 참을 수 없이 분통을 터뜨렸다. 이 부분에 대해서는 『예기(礼记)』의 『예운(礼运)』과 『예기(礼器)』를 참고하면 '예'의 기원, 발전, 변천, 완선 및 각종 의례의 수 사용규제에 대한 지극히 상세한 설명을 볼 수 있다. 해당 문헌을 읽으면 중국인들이 왜 그렇게 "예"를 중시하는지 알 수 있을 것이며, 현대 사회에서 평범하고 일반적으로 보이는 숫자가 왜 특정 시대에서는 그렇게 신비롭고 장엄한 상징적 의미를 부여받았는지 알 수 있을 것이다.

衍生字 파생자

介

由八、人会意。古文字形中间是人形，左右两点表示穿在人身上的铠甲，"介"的造字本义即是铠甲。铠甲是古代士兵作战时用来防身的装备。由八的分别之义引申出界限之义，"八"和"人"组合在一起就表示人各自守自己的分界，不越界，这个意义后来写作"界"。

'팔(八)'과 '인(人)'으로 회의되었다. 갑골문자형은 가운데가 사람 모양이고, 좌우 두 점은 몸에 걸친 갑옷을 나타내며, '介'의 본뜻은 갑옷이다. 갑옷은 고대 병사들이 싸울 때 호신용으로 사용했던 장비다. '팔(八)'의 이별의 뜻에서 경계의 의미를 끌어냈고, '팔(八)'과 '인(人)'을 조합하면 사람이 각자 자신의 경계를 지키고 경계를 넘지 않는다는 것을 의미한다. 이 의미는 후에 '계(界)'로 표현한다.

分

由八、刀会意。"八"表示分别，"刀"表示剖开物体，本义即是分别。

'팔(八)'과 '도(刀)'로 회의되었다. '八'은 이별을 나타내고 '刀'는 분할된 물체를 나타내어 본래의 의미는 이별을 나타낸다.

公

由八、厶会意。八有相背之义，"厶"取的是"私"字的一半，"私"的本字就是"厶"，现在"厶"不单独作字，只用作偏旁。"八"与"厶"合起来的意思就是：与私相背。与私相背就是公，本义即是公平。

'팔(八)'과 '사(厶)'로 회의되었다. '팔(八)'은 서로 등을 돌린다의 뜻을 가지고 있다. '厶'는 '私'자의 반을 취하고, '私'의 본자는 '厶'인데, 현재 '厶'는 따로 글자를 짓지 않고 편방으로만 사용하고 있다. '八'와 '厶'을 합치면 사적인 것(私)과 등을 돌린다는 의미를 나타낸다. 사적인 것과 등을 돌리면 공적인 것을 나타내며 본래 의미는 공평이다.

 必

　　由八、弋会意，"弋"也表声，会意兼形声字。古文字的中间像是一个木头桩子，"弋"的本义是木桩，左右两点是"八"字，两者结合表示用木杆做标记。"必"的本义是分别的标准。现代汉语的"必"常用作副词，必然、必定的意思。

　　'팔(八)'과 '익(弋)'으로 회의되었다. '弋'는 소리를 나타내며, 회의자인 동시에 형성자이다. 고문자의 가운데 부분은 마치 나무 말뚝 같다. '弋'의 본뜻은 말뚝이고, 좌우 두 점은 '八'자인데, 이 둘의 결합하면 나무 기둥으로 표시를 한다는 것을 의미한다. '필(必)'의 본뜻은 분별의 기준이다. 현대 중국어의 '필(必)'은 부사로 자주 사용되는데, 필연, 필정의 뜻이다.

王 왕

王，天下所归往也。
왕(王)은 천하의 모든 사람이 지향하는 자이다(天下所归往也).

甲骨文갑골문	金文금문	小篆소전	隶书예서	楷书해서
王	王	王	王	王

6. 其他기타

"王"是象形字，甲骨文和金文都形似一把斧头，上部是斧柄，下部是宽刃。"斧"在古代除了用作伐木工具外，还常在战争中当作武器使用。《说文解字》称："大者称钺，小者称斧。""钺"也是一种战争用兵器，外形和斧差不多，只不过个头比斧大一些。"斧"与"钺"通常被合称为"斧钺"，象征军权和国家统治权。根据字形，"王"字的本义是战争用兵器，因其象征权威，而引申为统治者，而在古代，统治者称为"天子"或"君主"，所以"王"在古代就是指一国的君主。

《说文解字》称："王，天下所归往也。董仲舒曰：'古之造文者，三画而连其中谓之王。三者，天、地、人也，而参通之者王也'。""王"字字形是上、中、下三条等长横线，古人认为上面一横代表天，下面一横代表地，天地之间站立一个人，便是中间一横所代表的意义。三条横线长度相等，说明天、地、人三者在古人思想里无大无小，无重无轻，同等地位而看待之。古人又认为天、地、人三者各有其道，谓之天道、地道、人道，三道由一竖线贯穿其中，连接三道使其相通，而成"王"字，这就是董仲舒所说的"参通之者王也"，意思是能参悟贯通三道之人便是王。由此可见，在古代要成为一国的君王需具备通三道的能力，而能通三道成为王的人必定是人心所向、天下归附、人人向往的英杰，这就是《说文解字》说的"王，天下所归往也"的意思。

天道、地道、人道这三道又是指什么呢？古人认为天道、地道、人道三者都有一个共同的"道"而一以贯之，这个"道"就是中国人常说的"仁义之道"。中国古代文化中有"王天下"这个概念，所谓"王天下"就是说统治者是以仁义而非残暴取得天下，以仁义得天下者被视作"正统"，其权力称其为"王权"，反之则为"霸权"。所以"王权"这个概念在古代是有浓厚道德边界的，在古人心中，君王作为权力地位的象征只是其一，更为重要的是其为仁义道德的标杆。

"王"可以作为部首使用，从王的字多与帝王相关，但数量不多，《说文解字》只收录了闰、皇两字。"王"字经过隶变后，其字形与"玉"字的隶体相似，两者作为部首时常常混用。现代汉语中，与"玉"相关的汉字大多使用"王"字作偏旁，但写其字而不用其义，如珠、珍、珊、瑚、环、璃、玲、琳、琅、瑞等等，这些字虽然使用"王"字作偏旁，但其本义是玉石。

'왕(王)'은 상형자로 갑골문과 금문 모두 한 자루의 도끼 모양을 하고 있다. 상단은 도끼 자루, 하단은 넓은 칼날이다. 고대에 '부(斧)'는 벌목 도구 외에 종종 전쟁에서 무기로 쓰였다. 『설문해자』에서는 "큰 자는 월(钺)이라고 부르고, 작은 자는 '부(斧)'라고 부른다"고 하였다. '월(钺)'은 일종의 전쟁용 병기로 모양은 도끼와 비슷하지만 크기가 도끼보다 조금 크다. 흔히 '부'와 '월'은 합쳐서 '부월(斧钺)'이라고 불리는데, 군권과 국가 통치권을 상징한다. 자형에 따르면 '왕'의 본래 의미는 전쟁용 병기로 권위를 상징하기 때문에 통치자라는 의미로 확대된다. 고대에는 통치자를 '천자(天子)' 혹은 '군자(君主)'라고 했기 때문에 '왕'은 고대에 한 나라의 군주를 가리켰다.

『설문해자』에서는, "왕(王)은 천하의 모든 사람이 지향하는 자이다(天下所归往也). 동중서가 말하기를 '고대에 문자를 만든 자가 세 개를 그리고 그것을 연결하여 왕이라고 하였다. 그 세 개는 천(天)도, 지(地)도, 인(人)도이다. 깨달아 그 세 개를 관통하는 자가 왕이다(参通之者王也)'"라고 하였다. '왕'자 자형은 상, 중, 하에 길이가 같은 가로줄이 있다. 고대인은 위의 가로줄은 하늘이고 아래의 가로줄은 땅이며, 하늘과 땅 사이에 한 사람이 서있다고 보았다. 이것이 중간의 가로줄이 의미하는 바이다. 세 개의 가로줄 길이기 같다는 것은 하늘, 땅, 사람 세 가지가 고대인의 사상 중에서 크지도 작지도 않고, 무겁지도 가볍지도 않은 동등한 위치라는 것이다. 또한 고대인은 하늘, 땅, 사람이 각기 도를 가지고 있다고 여겼는데, 이를 천도, 지도, 인도라고 하였다. 삼도를 하나의 세로선으로 관통하여 연결시켜 통하게 하였고, 그것이 '왕'자기 되었다. 이것이 바로 동중서가 말한 '참통지자왕야(参通之者王也)'이다. 이는 깨달아 삼도를 관통하는 자가 왕이라는 것이다. 이를 통해 고대에 일국의 군왕이 되기 위해서는 삼도를 통할 수 있는 능력이 있어야 하며, 삼도를 통하게 하여 왕이 될 수 있는 사람은 사람의 마음이 가고 천하가 따르면 모두가 동경하는 영걸이라는 것을 알 수 있다. 이것이 바로 『설문해자』에서 말하는 '왕, 천하소귀왕야(土, 天下所归往也)'의 뜻이다.

그렇다면 천도, 지도, 인도 이 세 가지 도는 무엇을 말하는 것일까? 고대인은 천도, 지도, 인도 모두 공통의 '도(道)'를 가지고 있다고 믿었는데, 이 '도'는 중국인이 흔히 말하는 '인의지도(仁义之道)'이다. 중국 고대 문화에는 '왕천하(王天下)'라는 개념이 있다. '왕천하'는 통치자가 잔인하지 않은 방법인 인의로 천하를 얻는 것을 말한다. 인의로 천하를 얻는 자는 '정통(正统)'으로 간주되고, 그 권련은 '왕권'이라고 하며 그 반대는 '패권'이라고 한다. 따라서 '왕권'이라는 개념은 고대에 도덕적 경계가 깊었다. 고대인의 마음속의 군주는 권력 지위의 상징 중 하나였을 뿐이며 더 중요한 것은 인의도덕의 모범이었다.

　'왕'은 부수로 사용될 수 있다. 왕을 사용하는 글자는 대부분 제왕과 관련되어 있다. 하지만 수가 많지 않아서『설문해자』에는 윤(闰), 황(皇) 두 글자만 수록되어 있다. '왕'자는 예변을 거친 후 자형이 '옥(玉)'자의 예서체와 비슷해졌다. 둘을 부수로 삼을 때는 혼용되는 경우가 많다. 현대 중국어에서 '옥'과 관련된 한자는 대다수 '왕'을 부수로 사용하는데 의미는 이와 같지 않다. 예를 들어 주(珠), 진(珍), 산(珊), 호(瑚), 배(环), 리(璃), 령(玲), 임(琳), 랑(琅), 서(瑞) 등이 있다. 이 글자들은 '왕'을 편방으로 사용했지만 본래 의미는 옥석이다.

衍生字 파생자

 皇

　　由王、自会意，"王"也表声，会意兼形声字。"皇"的上部本来写作"自"，"白"是"自"的讹变字形。甲骨文上部的形状像是火苗发出的光芒，左下部是一个横着写的甲骨文"王"字，结合在一起表示闪着光芒的王。"皇"的本义即是君王。

　　왕(王)과 자(自)로 회의되었으며, '왕'은 소리를 나타낸다. 회의자이자 형성자이다. '황(皇)'의 상단은 본래 '자(自)'를 썼고, '백(白)'은 잘못 변한 자형이다. 갑골문 상단의 형상은 불꽃이 나는 빛처럼 생겼고 왼쪽 하단은 가로로 쓴 갑골문 '왕'이다. 둘이 조합하여 빛을 내는 왕을 나타낸다. '황'의 본래 의미는 군왕이다.

閏(閏)

　　由王、门会意。古代天子每年冬末都会把来年的历书颁发给诸侯，诸侯于每月初一杀羊祭庙，这种礼仪叫做"告朔之礼"。告朔之礼举行时，天子居处在庙堂之中，而逢闰月的告朔之礼，则居处在正室门中。王在门中即表示闰月。

　　왕(王)과 문(门)으로 회의되었다. 고대의 천자는 매년 겨울 말 다음 해의 역서를 제후에게 전달하고, 제후는 매월 초하루에 양을 죽여 제사를 지냈다. 이러한 의례를 '고삭지례(告朔之礼)'라고 한다. 고삭지례가 거행될 때 천자의 거처는 묘당 안에 있었고, 윤달을 마주하는 고삭지례는 정실 문에서 거행되었다. 왕이 문에 있는 것은 윤달을 나타낸다.

 琮

　　"王(玉)"表义，"宗"既是声旁也是形旁，"宗"表示宗庙，"琮"的本义是瑞玉。瑞玉是中国古代用于祭祀的一种礼器，"琮"是用于祭地的玉器，也有继承宗业之意。清代乾隆帝给嫡子取名"永琮"，意为继承大统之意。

　　'왕[王(玉)]'은 뜻을 나타내고 '종(宗)'은 소리와 뜻을 나타낸다. '종(宗)'은 종묘를 나타내며 '종(琮)'의 본래 의미는 서옥이다. 서옥은 중국에서 고대 때 제사에 사용되던 예기의 일종이며, '종(琮)'은 지제 때 사용하는 옥기로 종업을 계승한다는 의미도 있다. 청나라 건륭제는 적자에게 대통을 계승한다는 뜻의 '영종(永琮)'이라는 이름을 붙였다.

琥

"王(玉)"表义，"虎"既是声旁也是形旁，本义是刻有老虎花纹的玉器。老虎是猛兽之王，象征权威。"琥"是古代帝王用来调兵遣将的兵符，也称为"琥符"。

'왕[王(玉)]'은 뜻을 나타내고, '호(虎)'는 소리와 뜻을 나타낸다. 본래 의미는 호랑이 무늬가 새겨인 옥기이다. 호랑이는 맹수의 왕으로 권위를 상징한다. '호(琥)'는 고대 제왕이 군대를 이동시키고 병부를 파견하기 위해 사용했던 병부로 '호부(琥符)'라고도 부른다.

　　左图为西周时期的"康侯"青铜斧头，器上铸铭文"康侯"，故以此命名。右图为商代"兽面纹铜钺"。斧与钺在古代都是权力的象征，两者形状相似，钺是大号的"斧"，其刀刃部宽阔，呈半月形。从用途上来看，斧除了用作兵器礼器外，还常用于生活生产，用途广泛，而钺更多地用作礼兵器。"王"的古字形正是取其"斧"之形而造，由"斧"的象征意义而衍生出王权之义。

　　왼쪽 사진은 서주시대의 '강후(康侯)' 청동 도끼로 '강후'라는 명문이 새겨져 있어 붙여진 이름이다. 오른쪽 사진은 상나라의 '수면문동월(兽面纹铜钺)'이다. 고대에 권력의 상징이었던 부(斧)와 월(钺)의 모양이 비슷했고, 월은 큰 '부(斧)'로 칼날이 넓고 반달 모양이었다. 용도 방면에서 살펴보면, 부는 병기 및 예기로 사용되는 것 외에 생활 속 생산용으로도 많이 사용되어 용도가 광범위했다. 월은 예기 및 병기로 많이 사용되었다. '왕(王)'의 옛 글자 자형은 '부'의 모양을 따서 만든 것으로 '부'의 상징적 의미로부터 왕권의 의미가 파생되었다.

后记

这本书的内容虽然来自我的教学讲义稿，但最终呈现出来的内容却与原始讲义稿很有些不同的见解。人在每个阶段，知识的占有量及认知度是不一样的。这就好比"盲人摸象"，当你只是摸到像柱子一样的腿，你就以为大象像一根粗壮的柱子。对知识占有量的多少决定了认知度的深浅。十年前，我刚刚进入研究生院学习，涉猎知识不多，后来随着读书量的增加，知识积累逐渐丰富起来，新获取的知识，有些是补充空白，而有些却是推翻认知。比如我对"人"这个汉字的理解。应该说中国人对自我民族文化的理解是建立在一套既定价值体系上的，这套价值体系的核心便是"儒家思想"。儒家思想对"人"的阐释，最为受中国人接受的理论便是孟子所提出的"性善论"。孟子把人和动物作了一番根本的比较："人之所以异于禽兽者几希。"这个"几希"便是人之所以为人的根本，即人性，也是中国人最爱讲的道德性。孟子以后，中国人心中"人"的概念基本是延续这个思想，所以东汉许慎的《说文解字》对汉字"人"的解释是"天地之性最贵者"，这和孟子的人性思想如出一辙。最初我的讲义稿也是延续着这个思想，把"人"字甲骨文的躬身人形解读成道德性的礼仪。后来我读到了一本叫做《翦商——殷周之变与华夏新生》的历史著作。这本书的特点是用大量的考古证据来叙述和推测历史事件，书中出现的众多惊悚图片证据真实地证明了殷商时代的血腥与暴力。这些新知识的获取使我不得不对既有的知识产生怀疑，之后我又查阅了相关书籍，新知识的出现迫使我改变了对"人"这个汉字原有的温情脉脉的理解。许慎对"人"字的理解也是没有偏误的，因为那是基于他那个时代的知识体系所得出的结论。而到了现代，考古学的空前发展使得那些被深埋于地下的历史往事有了被重新看见的可能。所以从理论上来说，我们这个时代所能获取的知识比起古代要多得多。许慎生活的时代距离殷商甲骨文时代一千年以上，他当然没有太多的途径获取远古时代的信息与知识，而现代社会获取知识途径的多样性很大程度上冲破了人的认知局限。从现在考古发现的证据来看，周之前的中国文化和周之后的中国文化有很大的不同。周之前的时代主要是指殷商，而这正是甲骨文产生的时代，要探寻汉字的造字本义不可能离开殷商的时代背景。正如我在前面所提到的，殷商是一个充满血腥、杀伐、暴力、迷信的时代，人与人之间是一种征服与被征服的关系，所以在那个时代所造出来的卑躬弯腰的"人"字形，结合殷商的时代背景来看，不大可能是表现一个彬彬有礼的人模样，而最有可能表现的是一种臣服的姿态。而到了许慎的时代，礼仪文明早已深入人心，自然卑躬弯腰的"人"字就成了礼仪的象征。所以，当我再次审视之前的讲义稿时，针对之前的一些观点与结论做出了修改。新获取的知识，或部分，或全部推翻了我既有的认知。其实，人类的知识与认知，正是在这样一种建立—推翻—重建的循环中无限循环着。正因如此，人类社会才能从石器、青铜、铁器、蒸汽、电气直至现在的信息时代，这样一步步走来。

汉字独特的表意系统使得汉语的学习和其它语言相比有很大的区别。汉语学习时不仅要学习音，还要学习那个音所对应的字，也就是说，你能读出这个音，不代表你能写出相对应的字形，反之则然。这就注定了比起音形一致的表音文字来说，汉语学习的难度要大一些。而对于汉字的音形学习，显然对外国学习者来讲，形（即如何书写）比音更加困难。虽然汉字经过三千多年的演变，完全线条化后的现代汉字字形比起古文字来说书写难度已经降低很多，但多变的结构及复杂的笔画也确实令不少学习者头疼。正如我在序里所言，汉字学习并非没有方法，只要掌握了解开汉字密码的钥匙，学习汉字并非难事。这也正是我写作这本书的目的。

现代汉字，在冗长的岁月变化里，有些已经"面目全非"，看不出这个字想要表达的意思了，而有些则是失去了造字当时的初始意义，衍生出它义。因此，在探寻汉字的意义时，不得不回到它的初始状态。每一个汉字都是有思想的人造出来的，换言之，古人的思考都反映在造出来的字里，而这些思考又脱离不了当时的文化背景与时代状况。因而，想要真正读懂汉字，必得连带了解那个时代的情况。现在我们所能认知的最早的汉字是发现于殷代的甲骨文，距今约三千六百年。由于年代久远，遗留下来可供我们参考的关于那个时代状况的文字记载书籍并不多，在保存下来的资料中，我想介绍几本重要书籍，以供汉字文化爱好者参考。这些书也是我写作这本书的重要知识来源。

(1)《说文解字》。《汉字的故事》这本书对汉字的释义均采用了《说文解字》的说法。《说文解字》成书于东汉，距今约两千年。它是中国第一部系统分析汉字和考究汉字字源的工具书。东汉以前虽然也有识字书，但却没有一本像《说文解字》这样的汉字综合研究著作，这本书也是中国历代学人的必读之书，对后世的影响非常大。它对汉字形、音、义的解读，以及这部书所独创的部首检字法都作为以后汉语字典写作的标准。学习汉字，这是一本不可不用到的重要参考书籍。

(2)《尚书》。"尚"即"上"，《尚书》就是上古的书。它是中国最早的史书，记录了虞、夏、商、周四个朝代的历史，是窥探中国上古社会状况及文化思想的必备书籍。先有思想，而后造字，汉字是反映上古先民思想与价值观的书写表现，阅读《尚书》可以帮助我们了解造字源头的思想。

(3)《诗经》。《诗经》是中国第一部诗歌总集，记录了周朝初期至末期前后长达五百年间的社会面貌。《诗经》虽然被归为文学一类，"六经皆史"，它既是诗，也是史，是一部记录了当时社会风俗、地理、人文等诸多方面的"诗史"。商代的灭亡，不可能带走所有的东西，准确来说，权力的灭亡并不意味着文化的灭亡，因为文化的形成是漫长时间积累的结果，文化的消亡也需要漫长的时间去消融。商代灭亡后，很多当时社会的风俗习惯、思想意识，当然也包括文字都在周代得以延续，所以《诗经》也是不得不读的一本参考书。

(4)《仪礼》。中国文化的根基如果用一个字来概括的话，那便是"礼"。夫妇人伦是礼，君臣秩序是礼，忠孝仁义是礼，修身治国也还是一礼。中国人的语言、行动、思想等一切行为规范都需要纳入"礼"的范围，故中国又称"礼制社会"，而后又有"礼仪之邦"一称。中国礼文化的先祖，或者说奠基，起始于周代，而窥探其庞大复杂的礼仪系统的重要知识来源，出自三本核心书籍：《仪礼》、《周礼》、《礼记》，习称"三礼"。其中《礼仪》一书是中国最早的关于礼的文献，涉及冠、婚、丧、祭、祀、聘、衣、食等诸多领域的内容，对后世中国文化的发展有极大的影响，是一本必读之书。如学有余力，可继续研读≪周礼≫与≪礼记≫。这两本书的内除了包含基本的日常生活之外，还囊括了宗教信仰、亲族制度、政治组织和外交方式等诸多内容，领域极为宽广，内容极为复杂，欲通之需下一番苦功夫。

　　写作一本书，自当有写作此书之目的与愿景，此书之背后也应有一番精神。汉字之所以为汉字，其在于成长于中国的文化土壤，换句话说，只有中国的文化土壤才能孕育出汉字。学力有限，本书自当有不足与遗憾处，但其欲想传达之精神却是积极向上的：汉字能流传三千多年一脉相承而下，并影响辐射至中原之外的广众之处，形成一个融合的、包容的、稳定的汉字文化圈，其本身非当有一番极为深厚与宏大的精神而不能之。本书若能引起汉字文化爱好者的文化探索兴趣，就算是做了一点小小的贡献了。

龙盈盈
癸卯年六月初十于全州

맺는말

　　본 책의 내용은 나의 강의 원고에서 비롯되었지만, 결국 처음의 강의 원고와는 다른 견해를 보인 내용이 있다. 사람은 각 단계에서 지식의 점유량과 인지도가 다르다. 마치 '장님 코끼리 만지기'와 같다. 기둥 같은 다리만 만졌을 때는 코끼리는 굵은 기둥 같다고 생각한다. 지식의 점유량에 따라 인지도의 깊이가 결정된다. 10년 전, 나는 막 대학원에 입학하여 섭렵한 지식이 많지 않았다. 후에 독서량이 증가함에 따라 지식이 점차 풍부해지기 시작했다. 새로 얻은 지식 중에 어떤 것은 공백을 보충하는 것이었고 어떤 것은 인식을 뒤집는 것이었다. '인(人)'이라는 한자에 대한 이해를 예로 들 수 있다. 자기 민족 문화에 대한 중국인의 이해는 '유가사상'이 핵심인 기정 가치 체계에 기반을 두고 있다고 봐야 한다. 유교사상의 '인'에 대한 해석에서 중국인이 가장 수용한 이론이 바로 맹자가 내세운 '성선론'이다. 맹자는 인간과 동물을 근본적으로 비교하며 "사람이 짐승과 구분되는 것은 몇 가지 되지 않는다(人之所以異于禽獸者几希)"라고 말했다. 여기서 말하는 '기희(几希)'는 사람이 사람을 위하는 근본, 즉 인간성이자 중국인이 가장 즐겨 말하는 도덕성이다. 맹자 이후 중국인의 마음속에 '인'의 개념은 기본적으로 이 사상을 이어갔다. 따라서 동한 허신이 『설문해사』에서 한자 '인'에 대해 '천지에서 품성이 가장 귀한 자(天地之性最貴者)'라고 해석한 것도 맹자의 인간 사상과 같다. 처음의 나의 강의 원고도 이 사상을 이어가며 '인'자 갑골문의 몸을 굽힌 사람 모양을 도덕적 의례로 해석했다. 그러다 나중에 나는 『선상-은나라와 주나라의 변화와 화하의 신생』이라는 역사 저서를 읽었다. 이 책의 특징은 수많은 고고학적 증거로 역사적 사건을 서술하고 추측하는 것이다. 책의 수많은 해괴한 사진 증거는 은상시대의 피비린내와 폭력을 증명했다. 이러한 새로운 지식으로 인해 나는 기존 지식에 대해 의문을 가질 수밖에 없었고, 그 후에 나는 관련 서적을 찾아보았다. 새로운 지식으로 인해 나는 '인'이 따뜻한 정감이 넘쳐흐른다고 이해한 것에 대한 생각을 바꾸게 되었다. 허신의 '인'에 대한 이해도 틀리지 않았다. 왜냐하면 그것은 그의 시대의 지식적 체계에서 나온 결론이기 때문이다. 하지만 현대의 고고학에 대한 전례 없는 발전은 땅속에 묻혀 있던 역사적 사건들을 다시 볼 수 있게 해주었다. 그래서 이론적으로 우리 시대에 얻을 수 있는 지식은 고대 때보다 훨씬 많다. 허신이 살았던 시대는 은상 갑골문 시대로부터 천 년 이상 떨어져 있었다. 물론 그가 고대의 정보와 지식을 얻을 수 있는 방법은 많지 않았다. 현대 사회에서 지식을 얻을 수 있는 경로의 다양성은 인간의 인식적인 한계를 크게 넘어섰다. 현재 고고학적 발견의 증거로 볼 때 주나라 이전의 중국 문화와 주나라 이후의 중국 문화는 크게 다르다. 주나라 이전의 시대는 주로 은상을 가리키는데, 이때는 바로 갑골문이 생겨난 시대이며 조자의 본래 의미를 탐구하기 위해서는 은상의 시대적 배경을 벗어날 수 없다. 앞에서 언급했듯이 은상은 피비린내와 전투, 폭력, 미신으로 가득 찬 시대였다. 사람과 사람 사이는 정복과 피정복의 관계였기 때문에 그 시대에 만들어진 비굴하고 허리를 굽힌 '인'자는 은상의 시대적 배경과 결합했을 때 점잖고 예의 바른 사람의 모습이 아니라 복종적인 자세를 나타낼 가능성이 가장 높다. 허신의 시대에는 의례 문명이 자리를 잡으면서 자연스럽게 허리를 굽힌 '인'자가 의례의 상징이 되었다. 그래서 나는 이전 강의 원고를 다시 살펴보면서 이전의 몇 가지 관점과 결론을 수정했다. 새로 얻은 지식은 나의 기존 인식의 일부 혹은 전부를 뒤집었다. 사실 인간의 지식과 인지는 확립-뒤엎기-재확립의 순환 속에서 무한히 순환하고 있다. 따라서 인간 사회는 석기, 청동기, 철기, 증기, 전기부터 지금의 정보화 시대까지 한 걸음씩 나아갈 수 있었다.

한자의 독특한 표의 시스템은 중국어 학습을 다른 언어와 비교했을 때 큰 차이를 만든다. 중국어를 공부할 때는 음뿐만 아니라 그 음에 해당하는 글자도 배워야 한다. 즉, 이 음을 읽을 수 있다고 해서 대응하는 글자를 쓸 수 있다는 뜻이 아니다. 반대로도 마찬가지이다. 이는 음과 형태가 일치하는 표음 문자에 비해 중국어 학습이 어렵다는 것을 나타낸다. 한자의 음과 형태를 공부하는 것에 대해 말하자면, 외국인 학습자들 입장에서는 음보다 형태(어떻게 쓰는지에 대한 것)를 공부하는 게 더 어렵다. 한자가 3천 년 이상 진화하면서 완전히 선형화된 현대 한자 자형은 옛 글자에 비해 쓰기 난이도가 훨씬 낮아졌지만, 변화무쌍한 구조와 복잡한 획수 역시 적지 않은 학습자들을 골치 아프게 하고 있다. 서문에서 말했듯이 한자 공부는 방법이 없는 것이 아니며, 한자의 암호를 푸는 열쇠만 익히면 어려운 일이 아니다. 이것이 바로 내가 이 책을 쓴 목적이다.

장황한 세월의 변화 속에서 현대 한자 중 어떤 것은 이미 '옛 모습을 찾아볼 수 없게 되어' 이 글자의 의미를 알 수 없게 되었다. 또한 어떤 것은 조자 당시의 초기 의미를 잃고 다른 의미를 파생시켰다. 따라서 한자의 의미를 탐구할 때는, 그 초기 상태로 돌아가야만 한다. 모든 한자는 사유하는 사람이 만든 것이다. 다시 말해, 옛 사람들의 사고가 만들어진 글자에 반영되어 있으며, 이러한 사고는 당시의 문화적 배경과 시대적 상황을 벗어날 수 없다. 따라서 한자를 제대로 보고 이해하려면 그 시대 상황을 포함하여 이해해야 한다. 현재 우리가 인지할 수 있는 최초의 한자는 은나라 때 발견된 갑골문자로 지금으로부터 약 3천 6백 년 전에 만들어졌다. 연대가 오래되어 우리가 참고할 수 있는 그 시대 상황에 대한 문자 기재 서적은 많지 않은데, 보존된 자료 중에서 한자 문화 애호가들이 참고할 수 있도록 중요한 서적 몇 권을 소개하고자 한다. 이 책들은 내가 이 책을 쓴 중요한 지식의 원천이기도 하다.

(1) 『설문해자(说文解字)』 『한자 이야기』는 한자에 대한 해석은 모두 『설문해자』의 견해를 참고했다. 『설문해자』는 지금으로부터 약 2천 년 전 동한 때 만들어진 책이다. 이는 중국 최초로 체계적으로 한자를 분석하고 한자 자원에 대해 연구한 서적이다. 동한 이전에도 글자를 해득하는 책은 있었지만 『설문해자』처럼 한자를 종합적으로 연구한 저서는 없었다. 이 책은 중국 역대 학자들의 필독서로 후세에 큰 영향을 미쳤다. 이 책의 한자에 대한 형, 음, 의 해석과 독창적인 부수 검자법은 이후 중국어 사전을 만드는 데 기준이 되었다. 한자를 배운다면, 이 책은 사용하지 않을 수가 없

는 중요한 참고 서적이다.

　　(2) 『상서(尚书)』 '상(尚)'은 '상(上)'이다. 즉 『상서』는 상고의 책이다. 『상서』는 중국 가장 최초의 역사서로, 우, 하, 상, 주 등 4개 왕조의 역사를 기록했다. 이는 중국의 상고 사회와 문화 사상을 엿보는 데 꼭 필요한 서적이다. 먼저 사상이 있고 그 다음에 글자가 만들어진다. 한자는 상고 선민 사상과 가치관을 반영한 글쓰기 표현으로 『상서』를 읽으면 글자의 근원 사상을 이해하는 데 도움이 될 수 있다.

　　(3) 『시경(诗经)』 『시경』은 중국 최초의 시가 총집으로 주나라 초기부터 말기 전후의 500년간의 사회상을 담았다. 『시경』은 문학으로 분류되지만 '육경개사(六经皆史)'는 시이자 역사로 당시의 사회 풍속, 지리, 인문 등 여러 방면을 기록한 '시사(诗史)'이다. 상나라의 멸망은 모든 것을 가져갈 수 없다. 정확히 말하면 권력의 멸망은 문화의 멸망을 의미하지 않는다. 왜냐하면 문화의 형성은 오랜 시간이 축적된 결과이며 문화의 소멸에도 오랜 시간이 소요되기 때문이다. 상나라가 멸망한 후 문자를 포함한 당시의 많은 사회 풍습과 사상 의식은 주나라에도 이어져 왔다. 따라서 『시경』도 읽을 수밖에 없는 참고서이다.

　　(4) 『의례(仪礼)』 중국 문화의 근간을 한 글자로 표현하자면 '예(礼)'이다. 부부 인륜은 예이며, 군신 질서도 예이며, 충효 인의도 예이고, 수신 치국도 예이다. 중국인의 언어, 행동, 사상 등 모든 행동 규범은 '예'의 범위에 포함시켜야 한다. 따라서 중국은 '예제사회(礼制社会)'라고 하며, '예의지방(礼仪之邦)'이라고도 한다. 중국 예 문화의 선조 혹은 기초는 주나라 때부터 시작된다. 그 방대하고 복잡한 예절 체계의 중요한 지식의 원천을 탐구하는 것은 『의례(仪礼)』, 『주례(周礼)』, 『예기(礼记)』 세 권의 핵심 서적에서 비롯된다. 그 중 『의례』는 중국 최초의 예절에 관한 문헌이다. 관(冠), 혼(婚), 상(丧), 제(祭), 사(祀), 빙(聘), 의(衣), 식(食) 등 많은 영역의 내용을 다루고 있으며 후대 중국 문화 발전에 지대한 영향을 미쳤다. 이는 필독서이다. 공부에 여력이 있다면 『주례(周礼)』와 『예기(礼记)』를 계속 연구할 수 있다. 두 책은 기본적인 일상생활 외에도 종교 신앙, 친족 제도, 정치 조직, 외교 방식 등 다양한 내용을 담고 있으며 그 영역이 매우 넓고 내용은 매우 복잡해 통달하기 위해서는 많은 노

력이 필요하다.

책 한 권을 쓰는 데는 당연히 책을 쓰는 목적과 비전이 있어야 하며, 책 뒤에는 반드시 하나의 정신이 있어야 한다. 한자가 한자(汉字)라고 불리는 이유는 한자가 중국의 문화적 토양에서 자라기 때문이다. 다시 말해, 중국의 문화적 토양만이 한자를 잉태할 수 있기 때문이다. 학문의 실력은 한정되어 있기 때문에 본서에는 당연히 부족하고 아쉬운 부분이 있겠지만 전달하려는 정신은 밝고 힘차다. 한자는 3천여 년 동안 전해져 내려왔으며 중원 밖의 광대한 곳에 영향을 미치면서 융합적, 포용적, 안정적인 한자 문화권을 형성했다. 한자는 그 자체로 매우 심오하고 웅대한 정신이 없으면 그럴 수 없다. 이 책이 한자 문화 애호가들의 문화 탐구에 흥미를 불러 일으켰다면, 작은 기여를 한 셈이다.

용영영

계묘년 6월 10일 전주에서

主要参考文献 주요참고문헌

1. 著作类 저서류

古代著作 고대 저서

王世舜，王翠叶译注，《中华经典名著全本全注全译丛书：尚书》，中华书局，2018年1月

彭林译注，《中华经典名著全本全注全译丛书：仪礼》，中华书局，2018年1月

胡平生，张萌译注，《中华经典名著全本全注全译丛书：礼记》上下两册，中华书局，2018年1月

徐正英，常佩雨译注，《中华经典名著全本全注全译丛书：周礼》上下两册，中华书局，2018年1月

王秀梅译注，《中华经典名著全本全注全译丛书：诗经》，中华书局，2018年1月

陈晓芬，胡平生译注，《中华经典名著全本全注全译丛书：论语 孝经》，中华书局，2018年1月

方勇译注，《中华经典名著全本全注全译丛书：孟子》，中华书局，2018年1月

(隋)萧吉著，刘鸿玉、刘炳琳译解，《五行大义》白话全解，气象出版社，2015年01月

现代著作 현대 저서

黄伯荣，廖序东主编，《现代汉语》增订六版，高等教育出版社，2017年06月

《汉字五千年》编委会编著，《汉字五千年》，新星出版社，2009年04月

王力主编，《中国古代文化常识》，中国人民大学出版社，2012年04月

董琨著，《中国汉字源流》，商务印书馆，2020年07月

曹先擢著，《汉语汉字文化常谈》，商务印书馆，2015年07月

钱穆著，《中国思想史》，九州出版社，2011年05月

钱穆著，《论语新解》，东大图书公司，2008年10月

邹晓丽编著，《基础汉字形义释源(修订本)——《说文》部首今读本义》，中华书局，2007年08月

周有光著，《人类文字浅说》，人民文学出版社，2009年10月

周有光著，《周有光语文丛谈：汉字和文化问题》，人民文学出版社，2009年10月

何九盈著，《汉字文化学(第2版)》，商务印书馆，2016年03月

邹芙都编著，《汉字印象：汉字源流与汉字文化》，重庆大学出版社，2020年12月

李硕著，《翦商—殷商之变与华夏新生》，广西师范大学出版社，2022年10月

葛兆光著，《中国思想史第一卷：七世纪前中国的知识、思想与信仰世界》，复旦大学出版社，1998年4月

2. 工具书类 사전류

许慎(汉)著，汤可敬译注，《说文解字》，中华书局，2018年6月

徐中舒主编，《甲骨文字典》，四川出版集团·四川辞书出版社，2014年1月

王力等编，蒋绍愚等修订，《古汉语常用字字典》第五版，商务印书馆，2016年6月

中国社会科学院语言研究所编辑，《新华字典》第11版，商务印书馆，2011年6月

中国社会科学院语言研究所词典编辑室编，《现代汉语词典》第5版，商务印书馆，2009年2月

商务印书馆辞书研究中心编，《新华成语字典》，商务印书馆，2008年12月

3. 网站类 웹 사이트

字源查询网 http://qiyuan.chaziwang.com/

汉典网站 https://www.zdic.net/

開放古文字字形庫 http://www.ccamc.co/cjkv_oaccgd.php

甲骨字形庫 http://www.kaom.net/jgws.php

象形字典 www.vividict.com

本书的古文字图片均来自以上网站。

본 책의 옛 글자 사진은 모두 위의 웹 사이트에서 가져왔습니다.

【 龙盈盈용영영 】
· 중국고대문학석사(2018 전북대학교중어중문학과)
· 현 우석대학교중국어강사
· 현 전북대학교언어교육부중국어강사

汉字的故事 한자이야기

초판 인쇄 _ 2024년 3월 4일
초판 발행 _ 2024년 3월 8일

지은이 _ **龙盈盈**용영영
펴낸이 _ 장의동
펴낸곳 _ 중문출판사
주 소 _ 대구광역시 중구 봉산문화길 70
전 화 _ (053) 424-9971
E-mail _ jmpress@daum.net
등록번호 _ 1985년 3월 9일 제 1-84

ISBN _ 978-89-8080-643-0   03710

정가 _ 14,000원